名师名校名校长

凝聚名师共识
回应名师关怀
打造名师品牌
培育名师群体

程晓远题

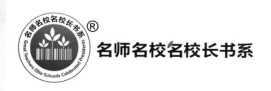

名师名校名校长书系

主题意义引领下的英语整体教学观

巫伟民 ◎ 著

天津出版传媒集团

天津人民出版社

图书在版编目（CIP）数据

主题意义引领下的英语整体教学观 / 巫伟民著. --
天津：天津人民出版社, 2022.4
（名师名校名校长书系）
ISBN 978-7-201-18322-0

Ⅰ. ①主… Ⅱ. ①巫… Ⅲ. ①英语课—教学研究—中
学—文集 Ⅳ. ①G633.412-53

中国版本图书馆CIP数据核字（2022）第055340号

主题意义引领下的英语整体教学观
ZHUTI YIYI YINLING XIA DE YINGYU ZHENGTI JIAOXUEGUAN

出　　版　天津人民出版社
出 版 人　刘　庆
地　　址　天津市和平区西康路 35 号康岳大厦
邮政编码　300051
邮购电话　（022）23332435
电子信箱　reader@tjrmcbs.com

责任编辑　张潇文
装帧设计　言之凿

印　　刷　北京政采印刷服务有限公司
开　　本　787毫米×1092毫米　1/16
印　　张　11.25
插　　页　2
字　　数　203千字
版次印次　2022 年 4 月第 1 版　2022 年 4 月第 1 次印刷
定　　价　58.00元

研修没有止境

基于主题语境的初中英语单元教学策略

广东省潮州市潮安区金骊中学　巫伟民

【摘　要】主题意义是单元教学活动的走向，而主题语境则是为探究主题意义而搭建的平台。《课标》把主题语境列为课程内容的第一要素，同时强调所有的语言学习活动都应该在一定的主题语境中进行。本文以人教版九年级部分单元为范例，阐述在初中英语单元教学中创设主题语境的方法与策略，从而全面发展学生的学科核心素养，落实立德树人的教育根本任务。

【关键词】主题语境；单元教学；语境创设

一、引言

语境是学生掌握英语语言的有效途径，是激发学生学习兴趣的重要方法，也是推动课堂教学取得实效的最佳平台。《义务教育英语课程标准（2011年版）》《教育部，2012；以下简称《初中课标》）指出，现代外语教育注重语言学习的过程，强调语言学习的实践性，主张学生在语境中接触、体验和理解真实语言，并在此基础上学习和运用语言。《普通高中英语课程标准（2017年版）》（教育部，2018；以下简称《课标》）也指出，英语课程内容是发展学生英语学科核心素养的基础，包括六个要素：主题语境、语篇类型、语言知识、文化知识、语言技能和学习策略。《课标》进一步指出，所有的语言学习活动都应该在一定的主题语境中进行。

语境创设已经成为当前新课程教学设计的一个重要环节。随着基础教育课程改革的深化和发展，对语境创设有了新的要求，即提倡以人为本、回归生活、注重发展、关注价值。但受传统教学理念和教学习惯的影响，许多教师在主题语境的创设方面并不尽如人意，主要表现在：脱离单元的主题意义；脱离学生的现实生活；忽视学生的认知背景，任意拔高学生的认知水平；忽视学生的亲身体验；过于注重知识性而忽视人文性。

二、主题语境创设的原则

语境创设的好坏会影响到课堂教学效率的高低。余文森（2017）指出，情境应成为学生思维发生处、知识形成处、能力成长处、情感涵育处。创设情境就是构建课程知识内容与学生的生活、经验、情感、生命相连接的过程。在主题意义引领下的单元整体教学中，创设主题语境必须遵循以下原则：

1.整体性

在初中英语单元教学中，主题语境的创设应该以单元主题为统领，即基于单元的主题意义，通过语言学习和多种思维活动，

聚焦主题意义探究的初中英语单元整体教学设问的实践

广东省潮州市潮安区金骊中学　巫伟民

【摘　要】提问是师生课堂交流的重要方式之一，是一项质疑、激疑、引思的综合性教学艺术，是教师促进学生与文本对话的重要手段。本文以人教版《英语》九年级Unit 5的教学为例，通过创设悬疑性、关联性、融合性的问题，围绕初中英语单元整体教学中聚焦主题意义进行设问的路径，突出问题设计的悬疑性、关联性、融合性和融合性等原则，引导学生感知、领悟、升华单元的主题意义，实现英语学习由浅层向深度的转化，实现知识向能力的转化，从而发展英语学科核心素养，落实英语学科立德树人的任务。

【关键词】单元整体教学；主题意义；问题设计；深度学习

一、引言

《普通高中英语课程标准（2017年版）》（教育部，2018；以下简称《课标》）指出，在以主题意义为引领的课堂上，教师要通过创设与主题意义密切相关的语境，充分挖掘特定主题所承载的文化信息和发展学生思想品质的关键点，基于对主题意义的探究，以解决问题为目的，整合语言知识和语言技能的学习与发展。

教师的教是必要的前导，教师根据学生的趋近发展区，为学生设计相应的教学活动和教学步骤，搭好学习支架，使学生在支架的帮助下掌握、构建和内化学生知识和技能，从而提升认知能力不断向更高水平提升（陈宝红，赵艳辉，2016）。在初中英语教学中，提问是师生课堂交流的重要形式之一。它是一项质疑、激疑、引思的综合性教学艺术，是教师引导学生与文本对话的一种重要手段（傅华芳，2014，转引自郭昇亳，2019）。教师帮助学生搭好问题

支架是整合课程内容、实施深度学习、发展核心素养、落实学科育人目标的有效途径。

教师在搭建问题支架时，应以学生现有的认知水平为基础，在单元主题意义的引领下，设计具有悬疑性、关联性、融合性的问题，实现单元主题设问的科学化，引导学生在探究问题的过程中应立意思想、积极探索、教学讨论、善于反思、促进自身得出自发展能力、促进自身自身的全面发展，培养学生的综合语言知识与语言能力的学习与发展。

二、初中英语单元整体设问存在的问题

目前初中英语单元教学的问题设计存在以下问题：

1.问题单元知识的简单堆积
有些教师在设计问题时，缺少全局备课的设计，过于注重单元版块各自的细节、知识点以及内容结构等层面，人为割裂了各板块问题之间的联系，导致各个知识点缺乏关联，

英语整体教学观的时代已来临

2013年，教育部启动了普通高中课程修订工作，着力提升课程思想性、科学性、时代性、系统性和指导性，推动人才培养模式的改革创新，促进人才培养模式的转变，着力发展学生的核心素养。2016年年底，基于学科核心素养的《普通高中英语课程标准（征求意见稿）》在全国征求意见。2018年年初，《普通高中英语课程标准（2017年版）》正式颁布，核心素养开始进入课程，走进中小学，六要素整合的英语学习活动观、主题意义、主题语境、深度学习、立德树人等新的教育培养方式、培养理念和教学任务也逐步被我们所熟悉。

《普通高中英语课程标准（2017年版）》倡导关注主题意义，制定指向核心素养的单元整体教学目标；倡导六要素整合的、探究主题意义的学习活动观，其中主题语境被列为第一要素，涵盖人与自我、人与社会、人与自然。那么，在中小学的英语教学中，教师应如何围绕单元的主题有效创设语境？在运用语言的过程中应如何围绕相同话题有效整合同一学段甚至不同学段的教学内容，促进教学的整体性以及延续性？在不同课型的教学设计上，如何基于主题意义有效整合单元教学内容，实现六要素整合的英语学习活动观，从中培养高阶思维，促进英语学习由浅层向深度发展，有效融合英语学科核心素养四大维度？这些都是中小学教师，特别是义务教育阶段英语教师最为关心的问题。

针对这些问题，本书试图从理论与实践相结合的角度帮助广大英语教师解读英语整体教学观的意蕴以及实施策略。本书包括三个主题：主题意义引领下的语境创设、主题意义引领下的课堂教学、主题意义引领下的拓展延伸。第一个主题主要介绍了创设主题语境的必要性以及创设的策略，同时分析在英语教学中融入三大主题语境的意义以及建构策略。主题语境是主题意义探究的平台，也是主题意义探究的"场"，因此，本主题是全书的基石和出发点。第二个主题重点阐述了主题意义引领下不同课型的整合策略以及实践案例，策略和案例是从观念走向行动，从理论走向实践的集中体现，整体教学观必须在各个课型的具体教学中才能得到落实，因此，本主题是全书的重心和落脚点。第三个主题介绍了在语言运用中如何依据话题对教学内容进行有效整合，在实现整体教学的同时突出对话题的拓展和延伸，实现核心素养四个维度的培养由浅层向深度发展，促进思维由低阶向高阶发展。语言运用是英语学习实现"学以致用"教学目标的主要手段，对话题的拓展延伸是实现深度学习、达成立德树人根本任务的重要举措，因此，本主题是全书的关键和创新点。本书的编写以《普通高中英语课程标准（2017年版）》和《义务教育英语课程标准（2011年版）》作为理论依据，坚持理论联系实际的原则；在阐述实施策略以及路径时，充分借鉴人教版（Go for it）英语教材的内容，力求理论的权威性以及实践的可操作性。本书的编写充分考虑到现行英语教学中存在的问题以及具体的学情，同时结合大量的生活场景，希望对中小学英语教师的教学提供应有的指导和参考。

在本书的撰写过程中，笔者参阅了大量相关文献，借鉴了许多专家和学者的意见，同时得到了同仁的大力帮助，在此向他们表示由衷的感谢。本书虽然引用了《普通高中英语课程标准（2017年版）》中的理论，但在内容的选择以及阐述上主要还是立足于义务教育阶段的英语教学。由于笔者学识有限，不妥之处在所难免，还望各位读者、各位同仁不吝赐教。

巫伟民

2021年10月

第一篇
主题意义引领下的语境创设

第二篇

主题意义引领下的课堂教学

第三篇

主题意义引领下的拓展延伸

第
一
篇

主题意义引领下的
语境创设

>>主题语境不仅规约着语言知识和文化知识的学习范围，还为语言学习提供意义语境，并有机渗透情感、态度和价值观。人与自我、人与社会和人与自然是英语课程内容的三大主题语境，是培育和发展英语学科核心素养的主要依托。

第一章
主题语境的创设

    语境探究是学生掌握英语语言的有效途径，是激发学生学习兴趣的重要方法，也是推动课堂教学取得实效的最佳平台。主题意义是单元教学活动的灵魂，而主题语境的探究则为实现主题意义搭建了建构的平台。《普通高中英语课程标准（2017年版）》把主题语境列为课程内容的第一要素，同时强调所有的语言学习活动都应该在一定的主题语境下进行。

第一节　概　论

　　《义务教育英语课程标准（2011年版）》（以下简称初中《课标》）指出，现代外语教育注重语言学习的过程，强调语言学习的实践性，主张学生在语境中接触、体验和理解真实语言，并在此基础上学习和运用语言。《普通高中英语课程标准（2017年版）》（以下简称《新课标》）指出，英语课程内容是发展学生英语学科核心素养的基础，包括六个要素：主题语境、语篇类型、语言知识、文化知识、语言技能和学习策略。《新课标》进一步指出，所有的语言学习活动都应该在一定的主题语境下进行。

　　但笔者在调查研究中发现，受传统教学理念及教学习惯的影响，许多教师很难摆脱对"双基"的教学惯性依赖，在主题语境的创设方面并不尽如人意，主要表现在：语境创设脱离单元的主题意义，脱离学生的现实生活；忽视学生的认知背景，任意拔高学生的认知水平；忽视学生的亲身体验；过于注重知识性而忽视人文性。

　　伴随着基础教育课程改革的深化与发展，初中英语教学对语境创设提出了新的要求，它提倡以人为本，回归生活，注重发展。语境创设成为新课程课堂改革的一个热门话题，学会创设语境成为初中英语教学的重要任务，如何正确引导学生探索语境成为初中英语教师关注的问题。

一、实施原则

　　近年来，素质教育的观念越来越深入人心，语境的有效创设在英语教学中凸显重要性，英语教学的重点转向挖掘语言所代表的文化内涵以及学生交际能力和正确人生观、价值观的培养。但笔者在调查研究中发现，现行初中英语单元教学中主题语境的创设存在一些问题，比如：过度重视基础知识和基础技能的传授；设计的任务没有关注学生基本能力的培养以及个人品质的塑造等。这些教学现象阻碍了学科核心素养四个要素的融合发展，难以落实立德树人的根本任务。笔者认为，在主题意义引领下的单元整体教学中，创设主题语境必须遵循以下原则。

1. 整体性

在目前初中英语课堂教学中，有些教师缺乏整体备课意识，在创设语境之前没有认真研读、梳理单元各个语篇之间的内在联系，在没有明确单元主题意义的情况下，在创设语境时往往就会忽视单元的整体规划，比如：语境的创设立足于单一的语篇，单元中各个板块的情境设计没有相互关联；创设的语境更加关注语篇知识的传授与技能训练，而未关注单元的主题意义，学生的学习呈现碎片化、孤立化现象，这样的学习更侧重于记忆和理解等低阶思维层次的培养，较少涉及高阶思维和文化意识等方面的培养。在这种单一、零散、孤立的语境中，学生无法在语言能力、文化意识、思维品质和学习能力等方面得到同步发展。

因此，在初中英语单元教学中，一切主题语境探究活动的创设都应该以单元主题为精神统领，即基于单元的主题意义，通过语言学习和多种思维活动，整合单元的教学内容，引领学生语言能力、文化意识、思维品质和学习能力的融合发展。当然，语境的创设可以有多个，但都必须紧扣单元的主题，形成一个自然连贯、前后一致的整体主题语境，使教学过程保持整体性、渐进性和持续性，从而达成单元教学目标，完成整体教学任务。学生只有在整体性的主题语境中才能探究主题并升华主题，才能从整体上建构单元的知识体系，实现知识的有效迁移和创造。整体性主题语境能够提升学生的学习能力和综合素质，发展学生的学科素养，落实学科的育人价值。

2. 生活性

初中《课标》指出，活动的内容和形式要贴近学生的生活实际，符合学生的认知水平和生活经验，要尽可能接近现实生活中语言使用的实际情况，使学生能够理解和掌握目标语言项目的真实意义和用法。我国著名的教育家陶行知也说过："没有生活做中心的教育是死教育，没有生活做中心的学校是死学校，没有生活做中心的书本是死书本。"那么，我们也可以套用一下，没有生活做中心的语境是死语境。

课程的知识产生于现实生活，丰富多彩的生活也给教学提供了源泉。因此，教师创设的主题语境要贴近学生的生活，使学生有身临其境的感觉。只有让学生在生活中学语言、用语言，学生才能更加容易接受，不知不觉地走进教师创设的学习氛围，置身于特定的主题语境中去感受、体验、探索，变被动学习为主动学习，自觉地接纳知识，加深对文本的理解，从而掌握更多的知识与技能。生活性语境也促使学生与文本、学生与学生之间展开深入的交流对话，唤起学生的表达欲望，激发学生的生命活力，绽放思维的火花，进而达到自我感悟、自我升华的内化效果，促进学生的自我发展。因此，教师应当打破教材的狭隘框框，结合教学内容的特点以及单元的主题意义，根据学生的认知规律和现有水平，大力挖掘教材中的生活素材，从学生熟悉的生活入手，创设学生感兴趣的生活性主题语境，把学生的学习活动置于社会生活的大背景中，拓宽学生的学习空间，使枯燥的教学活动变得生动、真实，让学生真切地体会到知识就在身边，知识与生活是紧密联系的，使课堂学习更有实效。

3. 适切性

同一个语境对于不同的人、在不同的时间具有很大的性质上的差异，语境的适切性影响学生的参与程度以及教学的效果。但是有些老师特别是老教师没有意识到这一点，很多时候他们的教学方式一成不变，长期照搬以前创设的旧语境，这样的语境跟不上时代步伐，也不能与时俱进，无法满足学生多样化和个性化的发展需求。

在教学中创设语境，是为了引起学生的兴趣，激发内驱力，鼓励学生积极探索，真正参与到学习活动中来，从而达到掌握知识、训练思维的目的。教师在创设新的语境时，要准确把握学情，因为面对的教学对象变了，他们在个性、兴趣爱好、已有知识水平、学习习惯、学习能力等方面都较以前有所不同。因此，教师要与时俱进，把握时代脉搏，从报纸、杂志、互联网等媒体多渠道获取信息，寻找最新素材并加以整理、加工。因为现代社会瞬息万变，信息层出不穷，时代不断进步，教师只有创设难度适中、目标清晰、能引起共鸣、有时代气息的适切语境，课堂才会更加精彩、丰富，语言学习才有依托，才会鲜活，学生才会感兴趣。

4. 实践性

在目前的初中英语教学中，有些教师因为知识量多、课堂时间有限等，往往把各个知识点强输给学生，甚至直接告诉学生结果并配以大量的练习，忽视了创设相关的语境让学生进行观察、发现、思考、分析、讨论、总结等活动。而有的教师表面看起来重视语境的创设，但往往像赶场子一样。比如创设问题语境时，是老师问，学生答；创设讨论语境时，象征性地让一两个学生说几句就完事，不给学生多少时间思考，不能面向全体学生；创设的语境太随意，背景材料不为学生所熟悉或者缺乏情感认同，学生成了活动的参观者。这样的主题语境探究活动使学生缺少亲身体验和切身感悟的过程，难以激发学生的探究热情，也难以激活学生的内心情感并引起对文本内涵的共鸣，最终也难以建构主题意义，学生所掌握的知识也难以转化为能力，能力更难以转化为素养。

《新课标》提出了主题意义引领下的英语学习活动观，即学生围绕某一具体的主题语境，基于不同类型的语篇，在解决问题的过程中运用语言技能获取、梳理、整合语言知识和文化知识，深化对语言的理解，重视对语篇的赏析，比较和探究文化内涵，汲取文化精华；同时尝试运用所学语言创造性地表达个人意图、观点和态度，并通过运用各种学习策略提高理解和表达的效果，由此构成六要素整合的英语学习活动观。因此，教师应注重学生的学习过程，注重语言学习的实践性，努力创设相关的语境，引导学生在语境中接触、体验和理解真实语言，并在此基础上学习和运用语言；根据具体的学情、课程内容、教学目标等实际情况创设实践性的语境，让学生通过参与阅读、回答、讨论、角色扮演等活动去感悟、体验、探究、发现、总结，促进学生获取多方面的知识，身心得到和谐发展，提高各方面能力，养成学科的核心素养。

5. 教育性

"教育性"一词首先由德国教育家赫尔巴特提出，他认为人的观念、情感、善的意志是不可分割的。因此，在创设主题语境时，要以立德树人为根本目标，要以培养学生的德行为最终目的。在教师提供的一系列意义语境中，必须渗透情感、态度和价值观的教育，从而促进学生身心的健康发展、品德的形成以及人格的完善，获得全面和谐的发展，实现英语学科的育人目标。

二、实施意义

石中英指出，任何知识都是存在于一定的时间、空间、理论范式、价值体系、语言符号等文化因素之中的，离开了这种特定的领域，既不存在任何知识，也不存在任何认识主体和认识行为。《新课标》把主题语境列为课程内容的第一要素，同时强调所有的语言学习活动都应该在一定的主题语境下进行。主题语境不仅制约着语言知识和文化知识的学习范围，还为语言学习提供意义语境，并有机渗透情感态度和价值观，为学科育人提供话题和语境。可以说，在教学过程中，学生对主题语境探究的广度和深度直接影响学生的思维发展水平和语言学习的成效，进而影响英语学科育人价值的实现。因此，为了达到既定的教学目标，根据教学内容和学生特点有目的地引入或创设一个相关语境具有重要意义。

（1）主题语境的探究为实现主题意义搭建了建构的平台，同时为主题意义的有效建构提供了多模态的场景。有效语境的创设能够增强学生的情感体验，激发学生的学习热情，它不仅为学生掌握文本新知识提供了舒适的温床，更成为学生与文本沟通的桥梁，使学生在语境探究活动中与文本内涵产生情感上的共鸣，有话可说，有物可感，有感可发，从而启发并帮助学生掌握、理解、感悟知识，进而深化并升华单元的主题意义。

（2）增加学习过程的趣味性以及直观性，诱发学生的学习动力。兴趣是最好的老师，有趣的语境教学能改变平铺直叙的刻板式说教，使教学课堂跌宕起伏，错落有致，精彩丰富，容易在学生脑海中形成深刻的印象；能有效消除学生学习的紧张心理，激发学生积极进取，密切师生关系，促使师生双方达到和谐统一，促进教与学更加协调；能激发学生的学习热情，促使学生自主学习，驱动学生的学习动力，引发学生积极思考，强化学生的认知行为，让学生在活动中最大限度地发展自己的潜能，充分证明个体价值，树立自信心，在原有的基础上得到发展。

（3）引导学生学会求知，学会做人，学会生活，学会发展。语境创设的最终目的是让学生能积极输出语言并运用语言。学生在生动的语境中学习英语，能更加深入地了解英语，更加明确自己的学习目的，激发学习兴趣和开拓创新精神。主题语境的探究过程促使思维与知识、情感与实践产生碰撞的火花，让情境成为知识学习的桥梁，在发现问题、探究问题的过程中提高分析问题、解决问题的能力。学生在探究活动中体验、感知、运用和创新语言，能促进英语学科的深度学习，引领知识向素养的转化，达成情感态度、价值观的深度培养目标，使立德树人的根本任务落到实处，促进学以致用。

第二节　主题语境创设的策略

　　《新课标》指出："在以主题意义为引领的课堂上，教师要通过创设与主题意义密切相关的语境，充分挖掘特定主题所承载的文化信息和发展学生思维品质的关键点，基于对主题意义的探究，以解决问题为目的，整合语言知识和语言技能的学习与发展，将特定主题与学生的生活建立密切关联，鼓励学生学习和运用语言，开展对语言、意义和文化内涵的探究，特别是通过对不同观点的讨论，提高学生的辨别和评判能力；同时，通过中外文化比较，培养学生的逻辑思维和批判性思维，引导学生建构多元文化视角"。意义、教师、学生、语篇、语境是主题探究活动中相互作用的五要素，其中，意义是一切活动的统帅，教师是活动的设计者，学生是活动的探究者，语篇是活动的载体，而语境则是为活动搭建的平台。因此，在主题语境的创设过程中，如何基于主题意义，借助各种有效的策略，吸引学生参与到主题语境的探究活动中来，在探究情境中建构意义，实现语言向能力，能力向素养的转化，从而发展学科的核心素养，是值得我们去探究的问题。下面，笔者结合人教版九年级英语教材的部分教学实例，阐述如何设计富含创意的主题语境，促进英语学科素养各要素的融合发展。

　　在主题意义引领下的单元整体教学中，教师要充分认识到主题语境的创设应以单元的主题意义为统领，应在精心研读文本的基础上定位单元的总体教学目标，然后再设定各板块的分目标。在单元的整体教学过程中，教师应把对主题意义的探究视为教与学的核心任务，通过创设相互关联，具有系统化、生活化、背景化等特点的主题语境，吸引学生积极参与主题意义建构活动，实现立德树人的根本任务。

一、重视整体，创设系统化主题语境

系统化就是为了避免出现孤立化、碎片化的现象，促进单元知识间的整合和关联。创设系统化主题语境策略即在初中英语单元教学中，主题语境的创设应该在单元主题的引领下，整合单元的教学内容，建立起知识间的有机联系，帮助学生从宏观上自主建构体系，实现知识的系统化、结构化，并通过各种探究活动，促使语言能力、文化意识、思维品质和学习能力的融合发展。这就要求教师认真分析单元教学内容，在单元主题意义的引领下，梳理并概括与主题相关的语言知识、文化知识、语言技能和学习策略，确定教学重点，定位单元的总目标，依据单元总目标创设环环相扣、衔接紧密又各有侧重的各板块主题语境，让学生在既互相关联又各自独立的各主题语境探究活动中整体感知文本内涵，逐步深入、感悟和升华单元的主题意义，促进学科素养四大要素的融合发展。下面，笔者就如何创设系统化主题语境做具体的阐述。

【课例】

人教版九年级英语教材Unit 9 I like music that I can dance to.

1. 教学内容分析

从单元标题可看出本单元的话题是"人的爱好"。本单元主要有三个板块：第一个板块为Section A 1a-2d，主要介绍喜欢的音乐或电影类型；第二个板块为Section A 3a-4c，主要介绍不同情绪下观看的不同类型电影；第三个板块为Section B部分，主要是对音乐或电影的评价。三个板块表面看起来没有什么联系，但实际上它们都是围绕"人的爱好"而展开的，都隶属主题群"生活与学习"下面的"健康的生活方式"子主题。三个板块的内容既环环相扣又层层递进，旨在引导学生通过主题语境的探究，懂得在生活中通过不同的介质，适当调整自己的情绪，保持积极向上的生活态度。

2. 创设主题语境

依据该单元的主题意义以及各板块的侧重点，笔者创设了下列主题语境：

板块一（Section A 1a-2d）：学生介绍自己的"爱好"：音乐或电影。

板块二（Section A 3a-4c）：寻找语篇中作者不同情境下选择的电影类型，同学交流：在不同的情境下，如何选择自己的"爱好"。

板块三（Section B）：欣赏《二泉映月》，体验其中的悲伤美，并对其进行点评；运用定语从句，评价自己的"爱好"。

【设计意图】

创设由浅入深、层层递进、相互关联的系统化主题语境，旨在避免碎片化、孤立化的情境探究活动。三个板块的语境均围绕单元主题"健康的生活方式"而展开，在介绍"爱好"—选择"爱好"—评价"爱好"的主题语境中，帮助学生在整体理解单元主题意义的基础上，从了解到理解，从理解到运用，由浅入深，逐步掌握语篇的知识点，培养分析、概括、鉴别、审美的能力，促进学科素养的逐步发展。

二、关注生活，创设生活化主题语境

《新课标》指出，教师在教学中要围绕具体语篇所提供的主题语境，基于学生现有的生活经验、学习兴趣和语言水平，引导他们积极主动地参与对主题意义的探究。探究情境创设生活化是指主题意义探究情境的创设以学生的生活为现实基础，重视创设能引导学生解决问题或引领学生精神发展的生活情境。因此，在语境创设过程中，教师应基于单元主题意义，真正以学生为本，关注学生的生活经验，注重学生的生活体验，以解决学生生活中的实际问题为出发点，架起"生活"与"英语"的桥梁。教师要把教材内容与学生的生活实际关联起来，从而激活学生已有的知识经验，促使学生主动、愉快地投入学习中，积极参与各项教学活动，利用现实生活的经验去思考、发现、分析和解决问题，用心去体验与感悟学习内容，厘清语篇与自身生活中的困惑，主动构建知识，拓宽并升华单元的主题，形成勇于探索、勇于创新的学科精神，发展合作沟通和语言表达等各种能力，为可持续的发展奠定良好的基础。

【课例】

人教版九年级英语教材Unit 5 What are the shirts made of ？

该单元的主题为"Things in China"，除了讲授语篇中提及的中国产品以及民间艺术之外，笔者组织学生围绕"家乡特色"的话题进行探究：

（1）How much do you know about Fenghuang Tea?

（2）What products from Chaozhou are famous around China and the world?

（3）What do you think of Chaozhou Food? Can you list them as much as possible?

（4）Do you know about the instruments from Chaozhou? For example, the Chaozhou Big Drums.

【设计意图】

创设贴近生活实际的各种语境能够拉近学生与文本的距离。创设生活化语境所选用的材料与语篇内容有内在联系又能贴近学生生活实际，使课堂教学更加贴近现实生活，使学生有身临其境之感。这样的语境更能吸引学生的注意力，更能激发学生的求知欲望和参与热情，使学生通过多看、多做、多参与，成为学习中的真正主体。通过生活化语境促进学生自主性学习，使单元主题意义在实际生活的应用中得以建构，培养学生了解家乡、热爱家乡的家国情怀，坚定文化自信，体现了"在生活中体验，在体验中感悟，在感悟中成长"的教育理念。

三、立足学情，创设背景化主题语境

主题意义的探究应以学生对主题的认知与情感为基础，应立足学情，创设能补足学生认知背景的情境。创设语境之前，教师在单元主题的引领下，除了应明确教材内容中的知识要点，深入挖掘语篇中与学生相联系的生活素材外，还应特别去了解学生对单元内容的认知背景，然后通过引入相关联的补充素材，让教学内容更能满足学生的实际需要，使学生在熟悉的语境中接触、体验和学习语言，激活学生内心的情感，实现主题与学生自身认知的有效对接，帮助学生在情感体验中真正建构单元的主题意义，形成感性认知，逐步升华主题意义。背景化主题语境还能拓展单元的文本知识，拓展学生的认知背景，让学生理解语言的意义和用法，积极构建知识网络，为学生思维的进阶培养以及深度学习打下坚实的基础。

比如，在上面所介绍的人教版九年级英语教材Unit 9 主题语境创设之前，笔者通过问卷调查、直接访谈等形式，明确班级的学情，然后精挑细选，引入相关联又适切的教学资源，帮助学生熟悉单元主题的背景，有助于学生对单元主题意义的理解，为后面对主题意义的升华奠定基础。

1. 确定学情

该单元的话题为"人的爱好"，语篇涉及许多音乐或电影。由于笔者任教班级的学生长期生活在农村，对语篇讲述的多部电影和二胡乐曲是不了解的，比如《Titanic》这部电影上映时，学生都还没出生，而二胡乐曲则是老年人喜欢的音乐类型。

2. 补充资源

（1）观看电影《Men in Black》《Kung Fu Panda》《March of the Penguins》以及《Spider-Man》的片段场景，特别是感悟《Titanic》里面的悲伤感。

（2）通过视频介绍二胡的演奏方法，欣赏《二泉映月》，体验其中的悲伤美。

【设计意图】

探究主题语境之前，教师通过组织学生观看相关电影及视频，充实和拓展学生的认知背景，让学生对主题背景有更明显的感知。学生借助教师提供的背景资料，在梳理文本知识，深化对单元主题的理解的同时，触动内心的情感，激发对主题的探究热情，为进一步感悟单元主题的内涵提供情感体验氛围，同时引发情感上的共鸣，从而更加深刻地建构单元的主题意义。

四、注重实践，创设活动化主题语境

《新课标》指出，教师应设计具有综合性、关联性和实践性特点的英语学习活动，使学生通过学习理解、应用实践、迁移创新等一系列融语言、文化、思维为一体的活动，获取、阐释和评判语篇意义，表达个人观点、意图和情感态度，分析中外文化异同，发展多元思维和批判性思维，提高英语学习能力和应用能力。实践的过程是自我体悟、自我教育、自我审查、自我超越的过程，它要比单纯从书本上获得的知识深刻得多。因此，在主题语境创设中，教师要在考虑课本内容、学生的认知特点和能力、开展活动的现实要求等综合因素的基础上，组织学生参与社会调查、参观访问、角色扮演等具有探索性、开放性的实践活动，让学生"动"起来参与到探究活动中，在活动中去观察、去发现、去分析、去思考、去探索，灵活运用学过的知识解决实际问题，脱离死记硬背的被动学习过程，并以此加强对单元主题的理解，真正把知识转化为能力，进而转化为素养。

【课例】

人教版九年级英语教材Unit 13 We are trying to save the earth.

该单元的主题为"Protecting the environment"，鉴于笔者任教班级的学生所处的乡镇为"不锈钢之乡"，在取得不俗经济效益的同时，环境污染也比较严重。因此，在引导学生从语篇中感知并感悟单元主题的基础上，笔者设计了下列活动化的主题语境，组织学生对环境现状进行调查并分析原因及提出解决办法，进一步深化对主题的理解，促进深度化学习。下面为笔者设计的活动化主题语境：

We know it's very important to protect our environment. Now I'd like you to do a survey after class. Let's find out what our environment is like now，then talk about your solutions.

【设计意图】

社会实践活动是学生学习的重要组成部分，是学校教育向课堂外延伸，推进素质教育进程的重要手段，对促进学生全面发展具有不可替代的作用。让学生通过亲身参与环境调查并分享自己的看法及解决方法，能够发挥学生的主观能动性，帮助学生接触社会，了解社会，积累社会经验，培养社会责任感，树立环保意识，增强生活体验，正确认识自己，锻炼能力，树立正确的世界观、人生观和价值观，实现在"做"中活化知识，在"做"中培养思维，在"做"中实现育人目标，达到学以致用的目的。

五、融入情感，创设意义化主题语境

任何教学如果不能引导学生走进意义世界和建构自我意义，那这种教学只能是发生在学生"脖子以上"的"功利之教"，而不是深入学生内心世界的"意义之教"。有意义的语境能激发学生美好的情感和浓厚的学习兴趣，使他们学而不厌，对学习保持热情。因此，教师在创设语境时，要根据学生心理特点和课堂教学需要，挖掘文本中的情感色彩，利用多媒体手段，融入讨论、朗诵、音乐、鉴赏等形式，唤醒学生情感，提高学生学习兴趣；通过融入情感意识，促进学生主动学习、主动发现、主动感悟、主动体验，从而与文本之间产生情感共鸣，使学生在寻找发现、挖掘探究、发表意见的过程中，丰富情感世界并升级为自身体验，从中受到美的熏陶。意义化主题语境能培养学生正确的价值取向和审美情趣，逐步培养学生的家国情怀，坚定文化自信，拓展国际视野，形成正确的世界观、人生观和价值观，最终达到以文化教育人的目的，提高教学实效。

【课例】

人教版九年级英语教材Unit 11 Sad movies make me cry.

该单元的主题为"情感"，第二个板块The shirt of a happy man讲述了一位国王虽然拥有了一切，但他总是闷闷不乐，在首相、银行家以及宫廷乐师都不能提供快乐者衬衫的情况下，只能派大将军到民间去寻找的故事。根据单元主题及语篇的写作意图，笔者定位语篇的主题意义为"正确的人生态度"。在创设主题语境时，笔者首先将语篇的语境带进课堂，再利用一系列问题语境，让学生理解语篇所要表达的意义，懂得人生真正的价值所在。

What do you think is the happiness？ What is the most important in your life？ Fame，power，friendship，family，wealth，or health？ I'd like you to have a debate． Then I'll invite some of you to share your opinions．

【设计意图】

意义化主题语境的创设正是为了引导学生理解知识—理解他人—理解自我。通过教师创设的语境，学生将情感和认识都融入学习之中，切实领会语篇的意境氛围，充分感受内心活动，发挥知识对个人生活的指导功能，实现知识向能力，能力向素养的转化，让知识升华为精神，让精神指导行为，让行为展现意义，为自己以后正确人生道路的选择奠定坚实的基础，达成立德树人的根本任务。

语境是知识转化为素养的重要途径，创设富有创意的语境是主题意义探究的必然要求，是沟通学生知识与素养之间的桥梁，它能够化抽象为具体、化枯燥为生动，调动学生的学习兴趣，开拓学生语言能力发展的空间，切实提高课堂的实效性。在新课程大力推进的今天，在初中英语单元教学中积极创设聚焦主题的语境，必将有效推进英语学科的教学进程，让学生循序渐进地接触、体验、理解和运用真实语言，逐步实现语言知识的内化，对形成有效的英语课堂具有重要意义。

当然，本文阐述的主题语境创设策略并不是要求每一个单元的主题语境创设都要面面俱到，教师所创设的语境只要具有整体教学的意识，以发展学生的学科素养为根本目标，以立德树人为根本任务就是好的语境。

参考文献

[1] 中华人民共和国教育部. 义务教育英语课程标准（2011年版）[M].北京：北京师范大学出版社，2012.

[2] 中华人民共和国教育部. 普通高中英语课程标准（2017年版）[M].北京：人民教育出版社，2018.

[3] 石中英. 知识转型与教育改革 [M].北京：教育科学出版社，2001：150.

[4] 贾茗越. 英语教学主题意义探究情境创设的"四化"策略 [J].教学月刊·中学版（教学参考），2019（12）：3-7.

[5] 王燕平. 基于主题意义的单元整体教学设计与实践 [J].中小学外语教学（中学），2021（2）：32-37.

[6] 余文森. 核心素养导向的课堂教学 [M].上海：上海教育出版社，2017.

第二章
人 与 自 我

　　单元是课程内容的有机组成部分，也是承载主题意义的基本单位。主题为语言学习提供主题范围或主题语境，学生对主题意义的探究是学习语言的最重要内容，对其思维和语言等的发展水平有着直接的影响。在初中单元整体教学中融入"人与自我"的主题教育，旨在培养具有国家认同和家国情怀、会做人做事、有文明素养和社会责任感的社会主义建设者和接班人。

第一节　概　论

2014年教育部发布的《关于全面深化课程改革落实立德树人根本任务的意见》指出：立德树人是发展中国特色社会主义教育事业的核心，是培养德智体美全面发展的社会主义建设者和接班人的本质要求。各级各类学校要从实际情况和学生特点出发，把核心素养和学业质量要求落实到各学科教学中。在这个文件精神的指导下，《新课标》也于2018年正式发布。从此，学校英语教育的培养模式也随之发生变化，许多教育工作者深入探讨了以"培养什么人、怎样培养人、为谁培养人"为核心的基础教育课题，使素质教育的实施策略具体化，使核心素养的培养落到实处。

《新课标》认为，主题为语言学习提供主题范围或主题语境，学生对主题意义的探究是学习语言的最重要内容，对其思维和语言等的发展水平有着直接的影响。因此，《新课标》将主题语境列为英语课程内容的六大要素之一，并按照"人与自我""人与社会"和"人与自然"三大主题领域设置了多个子主题，倡导主题意义引领下的六要素英语学习活动观。

单元是课程内容的有机组成部分，也是承载主题意义的基本单位，对其主题内涵的准确把握既是教学的起点也是落脚点，同时为整体性教学提供了保障。《新课标》明确提出，单元整体教学是对教学内容进行分析、整合、重组，并以一个完整的教学主题为一个教学单元的教学。单元目标的制定、学习活动的开展应围绕"人与自我""人与社会"和"人与自然"三大主题语境整体展开设计。这样的教学设计旨在以主题意义统领单元教学，以此设定单元整体目标，整体安排单元教学的内容，在主题语境中引导学生对单元的主题意义进行挖掘和探究，使学生在承载主题意义的语篇中开展对主题的深度学习，不断提升学生的文化意识，使学生逐步从能力向素养方面发展。

初中《课标》没有明确提出主题语境的设计理念。因此，笔者在调查研究中发现，在初中英语教学中，主题意义引领的作用经常被忽视，单元教学往往缺乏方向性、整体性和关联性，出现忽略主题和脱离语境的情感强加、知识讲解和应试训练过多、课堂互动假象等缺乏深度学习的低阶能力培养模式，不能有效培养学生的学科素养，也难以落实育人目标。针对初中英语教学中存在的问题，笔者就"人与自我"主题的意义和内涵以及单元整体教学中的建构策略展开研究，旨在有效推动对主题的深度探究，从中发展英语学科核心素养，落实立德树人的根本任务。

一、单元整体教学中融入"人与自我"主题教育的意义

1996年联合国教科文组织发布的《学习：内在的财富》报告中指出，在21世纪，学会认知、学会做事、学会共同生活、学会生存将是每个人一生中的知识支柱。2010年联合国教科文组织终身学习研究所所长阿达玛·旺安提出应该再增加三个新的支柱，即学会学习、学会变革、学会成长，以便反映现代社会的持续流动和前进势头。这说明面对时代的变化和要求，每个人都要促使自身全面发展，成为适应社会发展需要的人才。学校应该积极推进教育改革，注重学生的全面发展，实现立德树人的根本任务。

中学生是民族的希望，他们的健康成长关系到国家的未来，而自我意识对他们的成长至关重要。比如一个学生的学业能否实现突破，能否成功，成就的大小等都与自我意识有关。正如创立了成功学的拿破仑·希尔曾经说过："一切的成就，一切的财富，一切的快乐，都始于一个意念。"这个意念就是自我意识。初中阶段是学生自我意识发展的重要时期，此时他们已经开始意识到自己是一个独立的个体，要求独立的愿望日趋强烈，在自我观察、自我评价、自我监督、自我控制等方面获得了较大的发展，有了自己的追求和人生理想，有了自我实现和自我完善的行动，这是实现自我价值的前提。因此，初中英语教师在实际的课堂教学中，应该尽可能地利用一切教学内容和活动，帮助学生正确认识自己，拥有积极向上的"自我意识"，不断进取，以更大的勇气面对困难，战胜挫折，从而得到全面发展。

程晓堂指出，所有的语言学习活动都应该是在一定的主题语境下进行的。英语课程离不开它所承载的主题内容，《新课标》中指出，"人与自我"包括"生活与学习"和"做人与做事"两个主题群，它们又涉及九项子主题，其中就包含"善于学习""积极的生活态度""优秀品行""未来规划""创新意识"等。而在初中英语教材中"人与自我"的相关话题也从来不缺席，从起始学段的"个人情况""家庭、朋友与周围的人""居住环境""日常活动""学校"等话题到中高学段的"情感与态度""人生规划""正确的人生态度"以及"社会责任"等，这些话题无疑构成了学生语言、文化学习的重要组成部分。因此，初中英语教师在教学中应该摒弃单纯的语言形式学习，防止出现重知识技能、轻话题情境、课程内容碎片化等状况，依据课程标准及学生的实际情况，认真研究教材内容，发掘教材中各单元的主题意义，引导学生围绕"人与自我"中的某一主题内容进行探究和升华。在此过程中帮助学生掌握科学的学习和生活方式，实现思维由低阶向高阶发展，不断提升文化意识，学会做人做事，逐步树立正确的人生观和价值观，促进核心素养四个维度的融合发展，从而培养具有国家认同和家国情怀、有文明素养和社会责任感的社会主义建设者和接班人。

二、"人与自我"主题教育的原则

《新课标》将原《普通高中英语课程标准》中规定的24个话题整合为三大主题语境，即"人与自我""人与社会"和"人与自然"。这样的设置既明确规定了语言知识和文化知识的学习范围，又为语言学习提供了主题语境，从中潜移默化地渗透情感、态度和价值观；既遵循了整体教学的原则，又凸显了现代英语教育立德树人的根本任务。在初中英语单元整体教学中融入"人与自我"主题教育，笔者认为有下列原则。

1. 整体性

《新课标》提出英语课程内容是发展学生学科素养的基础，它包括六个要素，分别为主题语境、语篇类型、语言知识、文化知识、语言技能和学习策略，这六个要素是一个相互联系的有机整体。这就意味着课程内容的各个知识点是相互关联的，学生对知识的学习并不是孤立的。因此，教师应从初中的起始阶段就树立主题意义引领的六要素英语学习活动观，改变传统教学的碎片化现象，把同一主题内容、不同类型的语篇在单元学习中进行有机的关联，引导学生对不同语篇进行整体的学习和理解。学生在学习不同语篇的基础上，加深对主题意义的整体性理解，培养了批判性、逻辑性、创造性等思维品质；在获取和整合主题意义相关信息时，发展了语言表达能力；在分析、对比、整合、评价中，提升了知识迁移、规划学习内容、反思、评价等综合学习能力，逐步推动深度学习。

在《新课标》中，"人与自我"主题包含两个主题群，即"生活与学习"和"做人与做事"，下面又设置九个子主题，内容包含"健康的生活方式""乐于学习""终身学习""正确的人生态度""公民义务与社会责任""未来规划""创新意识"等。在初中《课标》的附录中也提供了话题项目表（共24个话题），在这些话题中，我们也能找到"人与自我"主题内容的身影。具体来说，"个人情况""家庭、朋友与周围的人""居住环境""日常活动""学校""个人兴趣""饮食"和"语言学习"属于"生活与学习"的范围，"情感与情绪""计划与安排"属于"做人与做事"的范畴。在人教版（Go for it）教材中涉及"人与自我"主题内容的单元有很多，见表1-1。

表1-1　包含"人与自我"相关主题的单元

主题语境	主题群	包含相关主题的单元
人与自我	生活与学习	七上：Unit 1、2、3、4、5、6、8、9 七下：Unit 1、2、6、8、9、10、11、12 八上：Unit 1、2、3、4 八下：Unit 1 九年：Unit 1、4、14
	做人与做事	七下：Unit 4 八上：Unit 6、8、10 八下：Unit 3、6 九年：Unit 7、11

2. 人文性

初中《课标》指出，义务教育阶段的英语课程具有工具性和人文性双重性质。就人文性而言，英语课程承担着提高学生综合人文素养的任务，即学生通过英语课程能够开阔视野，丰富生活经历，形成跨文化意识，增强爱国主义精神，发展创新能力，形成良好的品格和正确的人生观与价值观。

初中阶段是人生发展的关键时期，为一个人的成长奠定了重要基础。中学生是新时代社会主义建设者和接班人，而人文素养是他们健康成长和取得成功的必备优良品质。在初中英语单元整体教学中融入"人与自我"主题教育，相对于唯语言知识为重的教学方式，不仅能丰富学生的生活阅历，培养学生的社会责任感和敢于担当的精神，树立正确的情感态度和价值观，从而成长为有文明素养的合格人才，而且能让学生在参与一系列主题意义的探究活动中，不断提高自身的实践能力，增强创新意识，掌握学习技能，让文明素养和优秀品质在内化于心灵的基础上通过行动得以完美演绎，实现知行合一，最终全面落实学科的育人目标。

比如，在"生活与学习"主题下，八年级英语上册Unit 2 How often do you exercise？的主题意义探究活动中，针对当下学生在学习和生活中存在的诸多不良习惯和问题，如低头族、近视、肥胖、厌学等，教师可引导学生一方面通过反思自身的日常生活习惯，对比和分析国内外中学生常见的业余活动，正视自己不良的生活和学习习惯，寻找解决问题的方法，逐步养成健康的生活习惯，培养积极的生活态度，不断完善自我；另一方面通过学习名人孜孜不倦的求学精神，借鉴他人科学的学习方法，逐步形成乐于学习、善于学习的优良品质，为终身学习打下坚实的基础。

又如八年级英语下册Unit3 Could you please clean your room？的主题为"做家务"，属于"人与自我"主题语境内容中的"公民义务与社会责任"。在探究主题意义的活动中，学生不仅明白了做家务的重要性和必要性，而且通过参与教师所创设的课余任务——回家做家务劳动，在实际行动中体验劳动的乐趣以及父母的艰辛，培养正确的劳动观念。在此基础上，教师还应该引导学生积极参与社区的义务劳动，唤醒学生的自我意识，促进学生主动参与，培养社会责任感，建构主题意义的多元思考，促进学生的个性化发展。

第二节　"人与自我"主题教育的建构策略

　　初中阶段英语课程每一个单元的语篇内容都包罗万象，甚至有些单元还包含不同题材的语篇，但教材在编排各单元语篇时，还是围绕某一个主题内容进行编写，而不是随意地把它们堆砌在一起。教师应在课程标准限定的范围内，分析和梳理语篇内容，规划各单元的教学目标，关注语篇材料内容之间的关联点，整合教材内容，把各教学板块有机地串联起来，并组织不同形式的教学活动，让学生在单元彼此关联的语篇中实现对主题意义的整体理解与建构，培养和提升学科的核心素养。

　　下面将以"人与自我"主题下人教版（Go for it）教材中的4个单元为例，从"目标规划→内容整合→语用体验"三个方面探讨单元整体教学中主题语境的建构策略。

一、目标规划

　　教学目标是师生通过教学活动预期达到的结果或标准。陈述教育目标最好的形式是既指出应培养学生的哪种行为，又指出该行为可运用于哪些生活领域或内容中。要设计好单元学习目标，需要体现学习活动观理念，以学生应学会什么为依据确定目标要求。好的教学目标能对课堂的教与学起到良好的指导作用，不仅明确了教学方向，规范了课堂的一切教学活动，而且提升了教学效果，是整个学科教学的关键。因此，在初中英语教学设计中，教师要围绕单元主题语境，梳理和概括与主题相关的语言知识和文化知识，统筹教学，设定各单元的教学总目标。具体来说，首先，教师应在"人与自我"主题内涵的引领下做全盘考虑，统整与主题相关的教学内容。与主题相关的教学内容，可以是本单元的具体教学内容,当然也可以拓展到本册书所涉及的其他单元教学内容甚至整个初中相关联的教材内容。教师还应该关注小学与初中教材的有机衔接,熟悉学生在小学阶段已经掌握的相关主题教学内容。其次,教师需要关注学生的实际情况,即学情。教师既要了解学生已有的对话题中的内容和特征的认知程度,分析学生对文本内容所蕴含的文化意识的理解程度,还要了解学生的语言知识基础、语用能力、学习态度、学习策略等。最后,教师应在明晰教材分析和学情的基础上,制定整个单元的教学总目标,再将总目标细化为具体的课时目标。总之,在主题统领的教学建构中,教师应遵循 "课程标准—单元教学内容—单元主题—其他关联内容—学情分析—单元总目标—课时目标"的设计主线,对单元教学进行统一的策划(表1-2),实现英语教学的统整性和关联性。

表1-2 主题统领的教学设计示例

主题语境	主题群	教学内容	单元主题分析	其他关联内容
人与自我	生活	八年级英语上册Unit 2 How often do you exercise?	本单元的主题为 "Free time activities" 分析性问题:有益的课余活动应该如何界定?从事课余活动时应如何控制频率?哪些是健康的生活方式?怎样形成健康的生活习惯?	小学五年级英语下册Unit 1 My Day 七年级英语下册What time do you go to school?
	学习	九年级英语Unit1 How can we become good learners?	本单元的主题为 "Learning how to learn" 分析性问题:如何解决英语学习中存在的问题?科学的学习方法有哪些?怎样通过名人的成功典范引导学生养成积极的学习态度,从而树立终身学习的理想?	小学五年级英语上册Unit 4 What can you do? 七年级英语下册Unit 1 Can you play the guitar?
	做人	九年级英语Unit11 Sad movies make me cry.	本单元的主题为 "Feelings" 分析性问题:如何合理调节生活和学习中的不良情绪?如何引导学生通过讨论,明晰生命的意义与价值,懂得幸福的真实含义?	小学六年级英语上册Unit 6 How do you feel? 八年级英语下册Unit 1 What's the matter?

续 表

主题语境	主题群	教学内容	单元主题分析	其他关联内容
人与自我	做事	九 年 级 英 语 Unit 7 Teenagers should be allowed to choose their own clothes.	本单元的主题为"Rules" 分析性问题：哪些事情是允许青少年做的，哪些是不允许做的？青少年对自己的未来有什么规划？怎样引导青少年树立正确的人生观？	七年级英语下册 Unit 4 Don't eat in class. 八年级英语上册 Unit 10 If you go to the party，you'll have a great time.

主题语境	主题群	学情分析		教学总目标
人与自我	生活	学生参与课余活动的情况如何？他们参加课余活动是否得到父母的支持？他们是否了解哪些是健康的生活方式？他们是否具备参与课余活动的条件？		1. 能正确使用频度副词描述从事活动的频率； 2. 能观察和利用统计图学习，在阅读中使用跳读策略； 3. 了解国外中学生常见业余活动，通过小组讨论明确什么是健康的生活方式； 4. 向同学及朋友推介健康的生活方式
	学习	学生是否对英语学习感兴趣？他们是否掌握了一些科学的学习方法？他们在英语学习中有什么困惑？他们现有的学习习惯怎样？		1. 能运用科学的方法解决英语学习中遇到的问题； 2. 会使用词典获取多义词在特定上下文中的意义； 3. 能自我反思，主动调整自己的学习方式，根据自己的学习特点选择相应的学习策略和方案； 4. 了解Alexander Graham Bell的成功经验，结合自身学习经历，谈谈自己的看法
	做人	学生在生活和学习中是否经常受到不良情绪的影响？他们是如何消化不良情绪对生活的影响的？他们对人生价值的了解有多少？		1. 掌握make的使动用法； 2. 能区分褒义词汇和贬义词汇，理解和体会他人的感受，并能表达自己的感受； 3. 能内化和迁移语篇的主题意义，懂得幸福的真实含义

续 表

主题语境	主题群	学情分析	教学总目标
人与自我	做事	学生对学校的规章制度是否满意？有哪些需要补充的？他们的梦想是什么？父母是否支持他们？他们对父母所持观点的态度是怎样的？	1. 能运用含有情态动词的被动语态表述一些规章制度并发表自己的看法； 2. 能通过浏览文章标题、插图以及各段的首末句来获取文章的主旨大意或中心思想； 3. 能陈述各自的未来规划及父母所持的态度； 4. 围绕主题 "Should I be allowed to make my own decisions？" 进行辩论，陈述各自的观点； 5. 掌握科学的方法，处理好梦想与现实之间的冲突

在主题统领的教学设计主线中，教学总目标以活动、行为的形式呈现，既强调了学习的过程，也显示了学习的结果。在主题意义引领的单元总目标确定之后，教师应围绕总目标将单元分为几个小板块确定课时的教学目标。各个课时的教学目标均应围绕单元主题展开，语言知识、语言能力、思维发展、学习能力等方面的设计都要围绕"人与自我"的主题意义，做到环环相扣，自如衔接，逐步形成对单元主题意义某一方面的理解，从而提高学生整体把握文本的能力，促进主题教育的有机渗透。下面笔者以表1-2提到的"人与自我"主题语境中"做人与做事"主题群下的九年级英语Unit 7 Teenagers should be allowed to choose their own clothes 为例，阐述在总目标下如何围绕单元主题定位课时目标，见表1-3。

表1-3 课时目标

Unit 7 Teenagers should be allowed to choose their own clothes		
课时	教学内容	课时目标
第一课时	Section A 1a-2d	1. 能运用含有情态动词的被动语态谈论允许和不允许做的事情； 2. 与同学讨论并列出日常生活中能做和不能做的事情，表达各自的观点，最终形成共识

续 表

课时	教学内容	课时目标
第二课时	Section A 3a–4c	1. 讨论3a语篇标题Mom knows Best的含义； 2. 通过对语篇主题的探究，学会理解父母对子女的关爱和教导； 3. 与同学分享自己曾经顶撞父母的故事及自己现在的感受； 4. 通过4b语篇对比中西方教育观点的异同，在实践语境中运用被动语态，同时领略中外不同的教育方法
第三课时	Section B 1a–2e	1. 在听力策略的提升中运用单元的语言知识——被动语态； 2. 通过对2b语篇的学习，围绕主题"职业规划"展开一系列探究活动，树立正确的人生观； 3. 通过对语篇主题展开辩论，进一步领悟主题意义
第四课时	Section B 3a–Self Check	1. 与同伴交流家庭规则以及各自的看法，同时以日记的形式呈现讨论的结果； 2. 借助Self Check提供的语境，内化单元的语言知识

【设计意图】

单元整体教学设计要以主题意义为引领，以单元总目标统整课时目标，加强各语篇之间的内在联系，打破现有语言素材之间的边界，有效建构相关语言知识和语言技能体系，设计出目标明确且相互关联的单元学习活动，在主题语境中渗透情感、态度和价值观的培养，盘活教材。当然，教学目标的设计要突出整体性、关联性和方向性，这就要求教师在设计前要深入理解课程标准的内涵，精准定位主题内涵，深度解读文本内容及其他关联内容，同时科学分析学生的生活背景、语言基础、学习需求等。

二、内容整合

初中《课标》指出，教材是实现教学目标的重要材料和手段。教师要善于根据教学的需要，对教材加以适当的取舍和调整。Harmer在How to Teach English里也提到教材的使用问题，他认为正是因为教材中一切都不是很精彩，也正是因为教师要把自己的个性融入教学活动中，所以对教材的补充、改编、替换才显得如此重要。在唯知识为重的传统英语教学中，许多英语教师缺乏研究探索教材的精神，缺乏创新意识，缺乏有效掌握教材和整合教材的能力。因此，他们的课堂教学往往是呈现教材，即按照教材的活动安排的顺序进行知识罗列，实际是在"教教材"，对英语课程的结构性、实践性和综合性等特点不是很在乎，对学生到底对单元主题领悟了多少，学生对课堂学习是否满意等问题也不是很在乎，这明显会降低学生的学习兴趣和学习效果。

教师是课堂资源的开发者，一名成功的教师应学会"用教材教"，具备灵活运用教材的能力。教师应根据单元的主题语境以及教学的实际需要，对教材中的部分内容和教学活动进行有机地整合或适当调整教材顺序，有时甚至可以根据主题意义的需要适当删减或增加部分内容，创造性地使用教材，充分发挥教材的潜在作用，灵活掌控教学设计和教学活动，增强主题意义研究的直观性和实效性，实现教材编写的预设目标。

比如在讲授"人与自我"主题下九年级英语Unit 11 Sad movies make me cry时，由于该单元教材中3a语篇The shirt of a happy man（Part 1）并没有给出完整的结局，该故事还延伸到Section B 1a–1e的听力部分。其中，Section B 1a里面提供了故事几种可能的结局供学生选择，还鼓励学生进行大胆预测，不拘泥于教材的答案，在1e部分又引导学生围绕主题"Happiness"进行讨论。因此，笔者建议把这两部分的内容进行整合，确保教学的完整性，避免教学的分割现象。另外，在讲授本单元Section B 2b的阅读语篇"The winning team"时，由于本语篇的主题意义为"保持积极的情绪"，因此，在语篇的教学之前，教师可适当增加关于"积极和消极情绪"的阅读材料，通过对相同主题语篇的探索，加深学生对单元主题意义的理解，为后续的迁移和创造活动积累更多的语言和文化知识资料，帮助学生顺利跨越"最近发展区"。

三、语用体验

教师在创设语境时，一定要重视语言的实践性，通过一系列语言学习和思维活动，在培养学生语言理解和表达能力的同时，推动学生对语篇主题的深度理解，实现语篇的育人价值。初中《课标》指出，教师应紧密联系学生的生活实际，选择具有时代气息的语言材料和丰富多彩的表现形式，创设尽量真实的语言运用环境，提高学生的学习兴趣和学习动机。从单元整体教学的特点来看，教师没有必要在某一课时就让学生完全理解单元模块的主题，可以围绕整个单元的总目标，根据主题语境创设与学生的生活相关联的情境，以语境带动实践研究，在"用英语做事"的过程中体验和运用语言，挖掘主题意义所承载的文化信息，促进学习向深度发展，让学生从中理解、感悟并升华主题，提升文化意识、语言能力、学习能力和思维品质。

下面笔者结合上文的主题统领设计主线，以"人与自我"主题下九年级英语Unit7中的语篇Should I be allowed to make my own decisions? 为例，阐述"人与自我"主题在单元整体教学中语用体验的实施策略。

1. 感知与梳理

（1）感知主题

Let me tell you my child's dream job,and I'd like you to share your dream job with your classmates.

What's your parents'attitude to your decisions?

（2）理解主题

Finish the mind map（图1-1）.

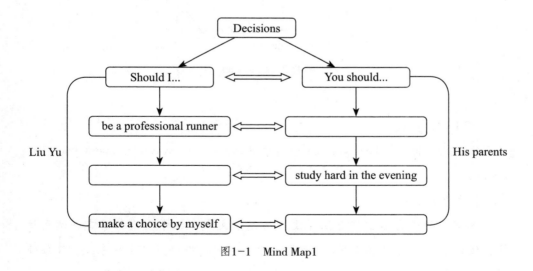

图1-1 Mind Map1

【设计意图】

教师通过分享自己孩子的未来规划和让学生分享自己的梦想，拉近师生交流的距离，激发学生的好奇心和学习兴趣，调动学生参与活动的热情；促进学生在真实语境中体验和运用语言，初步感知主题意义和梳理语篇内容，为后面开展活动搭建语言支架。

2. 内化与运用

（1）体会主题

Look at the passage for the words in bold，then use them to complete sentences of your own（图1-2）.

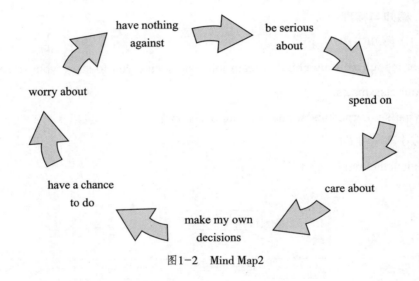

图1-2　Mind Map2

（2）探讨主题

Connect the sentences you have made above and tell your classmates your own stories.

【设计意图】

本环节的语言输出任务源于文本又高于文本，让学生模仿语言并运用语言，促使学生将文中短语与自身的情感体验对接，既凸显了主题意义，又促使学生在情感上产生共鸣，在真实的语境中内化和运用语篇中的语言知识。

3. 评价与创造

（1）领悟主题

Debate

Topic：Should I be allowed to make my own decisions?

（2）升华主题

Homework

Imagine you want to be a... when you grow up，but your parents don't support you．What should you do? What will you do to make your parents support you? Write a letter to your parents.

【设计意图】

教师要引导学生将自身已有的知识、经验以及情感与文本主题相结合，围绕主题信息进行自主评价，以体现对主题意义的深层理解（郭颖等，2019）。辩论活动旨在让学生对语言知识和文化知识进行迁移，让学生在真实语境中各抒己见、有感而发、有话可说，实现对主题意义的深层探究。给父母写一封信则是对主题意义的升华，旨在培养学生的创造性思维能力，实现思维由低阶向高阶发展，从中帮助学生正确规划人生，正确认识自我，树立正确的人生观，实现学科的育人价值。

"人与自我"主题教育是英语课程内容的重要组成部分，在培养学生正确的价值取向、文明素养、责任担当等方面有着重要意义。教师应该以主题语境为引领，整合单元教学内容，设计遵循英语学习活动观的主题探究活动，以语境为驱动，在生活场景中体验与运用语言，不断感悟和升华主题，促进学生心智的发展，培养英语学科的核心素养，实现立德树人的根本任务。

参考文献

［1］中华人民共和国教育部. 普通高中英语课程标准（2017年版）［M］. 北京：人民教育出版社，2018.

［2］齐地尔. 基于主题意义的单元整体教学［J］. 中小学外语教学（中学），2019（9）：32-37.

［3］程晓堂. 基于主题意义探究的英语教学理念与实践［J］. 中小学外语

教学（中学），2018（10）：1–7.

［4］中华人民共和国教育部.义务教育英语课程标准（2011年版）［M］.
北京：北京师范大学出版社，2012.

［5］Jeremy Harmer. How to Teach English［M］.北京：外语教学与研究出
版社，2020.

［6］郭颖，张金秀，徐国辉.基于主题意义探究的高中英语阅读教学实践
例析［J］.中小学外语教学（中学），2019（2）：1–6.

第三章
人 与 社 会

　　在初中英语单元整体教学场域中关注和探究"社会服务"主题的构建策略，有助于教师从整体视角审视整个单元教学内容的学科育人价值和意义，有利于创新英语课程的学习方式，激发学生的探究热情，帮助学生建构结构化的知识体系，深化对单元主题的认识，提升学生语言学习的成效和思维的发展水平，形成健康的人格，促进英语学科育人价值的自然生成。

第一节　概　论

《新课标》指出："主题为语言学习提供主题范围或主题语境，学生对主题意义的探究应是学生学习语言的最重要内容，直接影响学生语篇理解的程度，思维发展的水平和语言学习的成效。英语课程应该把对主题意义的探究视为教与学的核心任务，并以此整合学习内容，引领学生语言能力、文化意识、思维品质和学习能力的融合发展"。《新课标》将实验稿中的24个话题整合为三大主题语境，即"人与自我""人与社会""人与自然"，主题语境下面共包含10个主题群。现行初中英语教学使用的教材为人教版（Go for it），该套教材以话题为明线，以主题为暗线进行编写，与高中教材一样，初中教材中的各个话题都可归纳在三大主题语境之中，其中"社会服务"就隶属于"人与社会"的主题群。

但在现实的初中英语教学中，受传统教学思想、教学习惯和升学率等因素的影响，许多教师还是比较重视"双基"的传授，重视知识的设计和训练，重视单元中词汇、句型和语法的本身含义和用法，忽视了以单元主题意义为统领的整合性教学。这样的教学人为割裂了单元各板块之间的联系，各单元语篇成为孤立的个体，课堂教学显得比较无序，也割裂了知识与能力，能力与素养之间的有机统一。这样的教学无法帮助学生从人与自我、人与社会、人与自然的高度去理解、思考和表达，也无法帮助学生建立正确的文化认知、态度和行为取向，也就无法实现英语课程的育人功能。

因此，初中英语教师应依据《新课标》的设计理念，以单元的主题意义为引领，从发展核心素养的角度出发，对单元的教学内容进行有机整合，通过创设相关联的主题语境，引导学生在相互关联、层层递进的主题探究活动中，梳理和概括与单元主题相关的语言知识、文化知识，并且逐步从基于语篇的知识梳理转向深入语篇的价值辨析和超越语篇的实践活动，促使学生关键能力和必备品质得到融合发展。本文就英语课程中"社会服务"主题的育人价值与内涵以及在初中英语单元整合教学中如何构建有效的主题探究场域做初步的探究。

一、实施意义

人生的价值何在？这是处于初中阶段的青少年在面对人生选择时必须思考和明确的问题。初中生已经具有一定的知识储备、生活阅历和辩证分析问题的能力，他们对奉献社会有不同的认识和理解。受到"助人为乐"传统美德的熏陶，大多数学生都能积极参与社会公益活动，但有的学生受家庭、社会环境中存在的错误思想的负面影响，认为参与社会公益活动与自己无关，自己的任务就是好好学习；还有的学生公德意识淡薄，缺乏应有的使命感和责任感，自私自利……

《新课标》明确指出，普通高中英语课程具有重要的育人功能，旨在发展学生的语言能力、文化意识、思维品质和学习能力等英语学科核心素养，落实立德树人根本任务。单元教学承载着完整的课程内容六要素，承载着学科核心素养培养的具体而有所侧重的目标任务，是通过英语课程学习促进学生成长比较完整的过程周期。在以"社会服务"这个主题为引领的初中英语单元教学中，教师必须引导学生从社会的高度去理解、思考和表达，正确理解"自我与社会""奉献社会与人生价值"的关系，明白人生的价值在于奉献，以及"服务和奉献社会"对个人成长的意义，使围绕主题意义的探究活动逐步从基于语篇的知识梳理转向深入语篇的价值辨析和超越语篇的实践活动，有效帮助学生树立正确的服务意识，实现知识向能力，能力向素养的转化，把英语学科的育人目标落到实处。

二、实施要求

1. 要有统整性

在英语教学中，教师应关注主题意义的统领作用，以此设置主题语境，促进英语学科核心素养四大维度的融合发展。可以说，单元是英语课程的有机组成部分，也是承载单元主题意义的基本单位，而主题意义统领整个单元的内容。因此，在初中英语单元教学中，教师应在主题意义的引领下，基于初中英语教材中不同学段、不同单元、不同板块之间相关联的教学内容，认真探究单元what，why与how这三个问题，即单元的主要内容、单元的主题意义以及单元的语言结构，将单元中这些零碎的、孤立的知识有机串联起来，帮助学生改变碎片化、孤立化的学习方式。单元整体教学设计还注重对单元教学的全局规划以及实施，要求教师在准确定位单元的总体教学目标之后，依据教学目标确定具体的实施策略。实施策略必须为总教学目标服务，要以"整体设问"为原始点，以"问题链"为连接点，以"发现问题"为出发点，以"辨析问题"为提升点，以"解决问题"为制高点，最终让各探究场域组成一个基于主题的整体架构。

在此过程中，教师通过创设一系列具有综合性、关联性特点的语言学习和思维活动，帮助学生有机整合、梳理和概括与单元主题相关的语言知识、文化知识、语言技能和学习策略，从而推动学生对主题的深度学习。

2. 要有语境性

语境是培育和发展英语学科素养的主要依托，也是开展学习活动的重要依据。《新课标》指出，主题语境不仅规约着语言知识和文化知识的学习范围，还为语言学习提供意义语境，并有机渗透情感态度和价值观。教师要改变碎片化的、脱离语境传授知识点的教学方式，让学生认识到学习语言的目的是在真实语境中运用所学知识，理解意义，传递信息，表达个人情感和观点，比较和鉴别不同的文化和价值观。因此，在开展主题的探究教学中，教师不能照本宣科，也不应把自己的观点强行灌输给学生，而是应该围绕主题意义，依托语篇内容，创设真实的情境，引导学生亲身体验，从而迸发出情感上的火花，达成思想上的共识。

要创设与主题意义密切相关的真实语境，教师在课前可通过访问学生等方式，了解学生对本主题所持的态度，以及对本主题相关问题的认知程度、行为表现以及存在的一些偏见。这样有利于教师充分挖掘特定主题所承载的文化知识和发展学生的关键能力，有的放矢地设计各个主题探究场域的学习内容和方式。然后，教师应在主题意义引领下，以激发学生的学习动机为出发点，密切联系学生的生活实际，确定主题与学生生活经历的对接点，合理创设主题语境内容，让探究活动与学生形成有意义的关联。教师应鼓励学生在主题语境中学习和运用语言，通过观察、对比、分析、整合等思维方式，探究特定主题的相关语言、意义和文化内涵，促使学生对单元主题从感知到感悟，从感悟到深化，从深化到升华，推动学生对主题的深度学习，从而确保课堂教学的实效性，把英语学科的育人目标真正落到实处。

比如，在开展对"社会服务"主题的探究教学中，情境创设内容可以为与社会服务有关联的图片或视频，也可以让学生回顾自己的相关志愿服务经历，甚至可以让学生在课前或课后参与志愿活动。通过参与模拟或真实的情境体验活动，学生在探究过程中对单元主题从感知到感悟，从感悟到深化，从深化到升华，从而认同"服务和奉献社会"在个人成长过程中的重要意义，增强参与活动的欲望，成长为有文明素养、乐于奉献的新一代青少年。

3. 要有实用性

英语是一门实践课程，学习英语的最终目的是运用，只有学以致用，才能真正培养学生的语用能力，才能突出英语学习的实效性。因此，在英语单元教学中，教师要改变碎片化的教学方式，努力将教材内容有机整合、重组，化难为易，化繁为简，尽量符合学生的实际水平和兴趣爱好，并根据实际的教学需要适时适度补充相关信息，拓展话题的深度和广度，从而激发学生的学习兴趣，鼓励学生通过观察、思考、讨论、分享等课堂活动，对语篇信息进行获取、加工、处理和重构，更好地培养团队精神、创新精神和实践能力，让学生在真实语境中表述个人情感和观点，建构新概念，丰富人生阅历和思维方式，提高解决实际问题的能力，增强语言理解和表达能力，达到学以致用的目的，为终身学习奠定良好的基础。

第二节　单元整体教学场域的构建

在初中英语教学中，要告别碎片化的知识点学习模式，课堂设计应以大单元为单位，整合目标、任务、情境和内容。人教版英语（Go for it）英语教材的单元教学内容都在同一主题范围内设置不同的学习板块，各板块把语言技能与词汇、语法等语言知识融合在一起。这就需要教师具备整体教学的意识，以单元的主题为引领，结合文本的特点，设计单元整体教学的目标，创设具有关联性、综合性的主题语境，引导学生从全局角度探究单元的主题意义，从而将学科核心素养的培育落到实处，实现学科的育人价值。

笔者以人教版英语教材八年级下册Unit 2 I will help to clean up the city parks为例，具体阐述"社会服务"主题在单元整体教学场域中的构建策略。

一、构建统领式的主题剖析场域

单元的一切教学活动都要围绕单元的总目标来进行和展开，教学目标是课堂教学的出发点，也是课堂教学的归宿点。有了明确、具体的教学目标，才能更好地创设教学情境，才能有机关联一切课内外的教学资源，才能保证课堂教学活动的顺利进行，才能提高课堂教学效率。可以说，有效的教学目标是教学成功的前提。在单元整体教学中，教学目标包括单元总目标和课时目标，其中，课时目标要以单元总目标为依据，保证教学的整体性。因此，定位好单元总目标是整体教学的关键一步，整合性的总目标在整体教学场域中具有统领性的作用，能避免传统教学中出现的碎片化、孤立化现象。

《新课标》指出，单元是承载主题意义的基本单位，单元教学目标要以发展英语学科核心素养为宗旨，围绕主题引领的学习活动进行整体设计。教师要认真分析单元教学内容，梳理并概括与主题相关的语言知识、文化知识、语言技能和学习策略，并根据学生的实际水平和学习需求，确定教学重点，统筹安排教学，在教学活动中拓展主题意义。

要确定适切的导学目标，必须分析学生已有的认知结构和单元主题之间的关系。因此，在初中英语教学中，教师要定位单元教学总目标，必须认真把握单元的主题，解读教材内容，了解学生实际学情等。本单元的话题是"offer help"，是主题语境"人与社会"中"社会服务"主题群的话题之一，探究的主题意义是"奉献社会的意义"。它主要包括三个语篇：第一篇主要讲述养老院的志愿者活动，第二篇介绍两位外国志愿者的故事，第三篇为一封来自被帮助者的感谢信。八年级的学生已有一定的生活阅历和思辨能力，他们的情感丰富但不稳定，开始用批判的眼光看待周围的一切，喜欢经过独立思考发表自己的意见。他们对关爱他人、奉献社会等问题有着不同程度的认知和理解，大部分都乐于奉献。但有部分学生由于受家庭环境以及个别新闻媒体片面报道的影响，以年龄小、主要任务是学习等各种理由拒绝参与公益活动，有些甚至以自我保护为由拒绝向他人提供帮助。

笔者在剖析本单元的主题、教学内容以及学生的学情的基础上，定位下列单元总目标，以期在此场域中统领单元的整体教学，让学生体验服务社会的活动对个人成长的意义，从中培养奉献精神，树立正确的价值观。

通过本单元的学习，学生能够：

（1）研读语篇内容，梳理社会服务的形式以及内容，从中感知社会服务的魅力。

（2）分享自身或他人参与过的社会服务活动，感悟奉献的意义。

（3）讨论、分析生活中的社会服务活动范例，消除思想中的困惑，深化对主题的理解。

（4）亲身参与、体验社会公益活动，进行情感体悟，升华单元的主题。

【设计意图】

单元总目标从整体上剖析单元的主题意义，整体规划主题探究活动的实施策略及方法，确保主题语境的创设由浅入深，逐层递进，互相关联，帮助学生从未知到已知，从感知到感悟，从困惑到共鸣，逐步跨越"最近发展区"，最终达成思维培养由低阶向高阶发展，推动学生对主题的深度学习，为单元整体教学场域构建策略的实施奠定坚实的基础。确定单元总目标之前，教师一定要认真研读教材内容，准确把握具体学情，精准定位单元主题意义，在此基础上确定单元的总目标及各板块的分目标，构建统领性的主题剖析场域。

二、构建问题式的主题感知场域

教师应结合初中生的认知水平和思维能力，以阅读文本内容为主题，注重文本对学生的教育意义，设计好问题链来帮助学生提高阅读效率。在探究单元语篇的主题意义时，教师可依据单元教学目标，分析、梳理语篇的内容，把握语篇的立意和构思、层次脉络等，抓住语篇的重难点，在此基础上设计问题链。学生在教师搭建的问题支架的帮助下逐步感知单元的主题意义，加深对单元主题的理解和认识，推动对主题的进一步学习，为后面进一步领悟和升华主题意义积累语言知识和文化知识。

教师在设计问题链时，首先要确保问题之间既有关联性又有独立性。由于各个语篇内容不同，教师应根据具体内容独立设计有针对性的问题，但还要注意总体考虑单元的主题，使设计的各板块问题能够体现主题意义下的一致性；其次要确保问题之间既有层次性又有可研性。问题设计要立足高阶思维及深度学习的培养理念，呈现由浅入深、由易到难、由简到繁、由已知到未知的上升式支架模式。

上述单元共有三个语篇，笔者围绕单元主题"社会服务"分别设计了下列问题链，学生借助环环相扣、持续深入的问题链，不仅梳理语篇内容，而且从中感受到"关爱他人，服务社会"既利人又利己，感受到"社会服务"的魅力所在，逐步感知单元的主题内涵。

语篇一（Section A 2d，养老院的志愿者活动）的问题链：

（1）What are they talking about?

（2）What did Tom do in the old people's home?

（3）How do they feel about their activities?

语篇二（Section A 3a，两位国外志愿者的故事）的问题链：

（1）Why do Mario and Mary volunteer to help others?

（2）What do they say about volunteering?

（3）What can they get from volunteering according to 2d and 3a?

语篇三（Section B 2b，一封来自被帮助者的感谢信）的问题链：

（1）Who wrote the letter to Miss Li？Why？

（2）What did Miss Li do？

（3）What can we learn from the letter and what can we get after offering help to others？

【设计意图】

在引导学生理解文本时，孤立的几个问题对于激发思维效果有限，此时需要用问题链来连续设问，追根溯源，纵深挖掘，帮助学生理解问题的来龙去脉和内在联系，增加他们思维的广度和深度。笔者围绕单元主题"社会服务"，在三个不同语篇中设置了层次递进、相互关联的问题链，各语篇的第1和第2个问题属于梳理语言知识的问题，而第3个问题既与前两个问题相互关联又是前两个问题的递进，旨在培养学生的高阶思维，推进思维层次的逐步进阶，生成富含思维的语言表达。问题链的设置帮助学生梳理与语篇相关联的语言知识和文化知识，为学生顺利跨越"最近发展区"奠定基础，为下面进一步的探究活动搭建脚手架。

三、构建情境式的主题感悟场域

王蔷指出，教师要创设真实情境，引导学生体验、思考、探究和表达；通过形式多样的英语学习活动，使学生在参与活动的过程中，生成新知识和新技能，得到思维和情感方面的发展，形成新的态度或价值观，同时获得成就感和自信心。因此，教师可依据单元的主题，创设真实的主题语境及实践活动，引导学生进一步探究单元语篇的主题意义，感悟语篇隐含的价值取向，通过体验、辨析、思考和实践，意识到思想认识中存在的问题，提升思想觉悟，萌发亲身体验"奉献社会，关爱他人"的动机，并在实践行动中实现自己的人生价值。

"社会服务"主题对学生来说并不陌生，许多学生经常听到许多关心他人、服务社会的好人好事，平时也有很多机会参加社会服务活动，如到老年人活动中心打扫卫生、长期为身边孤寡老人服务、捐款支持经济上有困难的同学、参加志愿者服务队等。在开展对"社会服务"主题的探究教学中，教师不能片面关注语篇的语言知识，而是应该围绕语篇的主题，有意识地创设真实的情境，让学生在真实语境中感知、感悟主题，深化对主题的理解和认识。情境创设内容可以是介绍身边的一些助人为乐的好人好事，让学生谈谈自己的看法，也可以让学生回顾自己的相关志愿服务经历，分享自己的感受。在讨论和分享心得体会的过程中，学生的鉴别和评判能力、批判性思维能力得以不断培养，语言能力也得以不断提升，从中增强参与活动的欲望，逐步成长为有文明素养、乐于奉献的新一代青少年。

在讲授本单元语篇时，笔者就尝试让学生分享自己的社会服务经历和感受，触发学生的思维火花，激发学生的参与热情，很多学生都踊跃发言。下面为一名学生分享的志愿活动经历。

I joined the school volunteer club when I was in Grade Seven. There are 30 members in our club. We often clean up the area outside our school on weekends. We also help clean up the old people's home twice a week. Sometimes we help the police on the road. We also help some people cross the road safely. Looking at the comfortable living place，looking at the smile on people's faces，though we are tired，we feel very happy. Helping others is helping ourselves. I will call on more people to join us.

【设计意图】

正面的情感熏陶更具说服力和可信度，这样的教学方式比起教师课堂上灌输式的情感教育更有效果。在本环节，通过让学生分享与主题相关的生活经验，倾听同龄人的亲身经历以及感受，更能激发学生参与课堂学习的积极性，引起学生情感上的共鸣，触发学生内源性的学习动力，让学生进一步感悟单元的主题，形成新的结构性知识，更能够从中认识到社会服务的重要意义，从而帮助学生树立正确的价值观。

四、构建辨析式的主题内化场域

《新课标》倡导指向学科核心素养的英语学习活动观和自主学习、合作学习、探究学习等学习方式。当前，部分学生对"社会服务"的重要意义认识不够，在思想上还存在着一些错误倾向，比如认为"事不关己，高高挂起；奉献社会是高大上的事情，是大人物的事；作为学生只需要好好学习，服务和奉献社会是将来的事。"在教学中，学生是学习的主体，如果能够采用质疑、反思、交流、讨论甚至辩论等方式，引导学生对单元主题做深入研究，那么就能增强学生对语篇知识的理解，辨析式的主题探究场域让学生更深层次地接受道德教育，懂得凡事不要只为自己着想，只图自己痛快，要有"人人为我，我为人人"的理念。这无疑对提高学生的道德素质起到积极作用，并且有利于激发学生将道德情感内化为道德认识，从而进一步指导行为实践。教师可以通过创设开放式的讨论和辩论方式，给学生动脑、动口的机会，使学生的学习不再是被动和机械地接受，从而让学生动起来，让课堂活起来，增强教学的实效性；通过对不同观点的讨论，提高学生的鉴别和评判能力，促进学生对单元主题从感悟过渡到深化，纠正情感认同中存在的一些偏差，帮助学生做出正确的价值判断和选择。

笔者在此环节通过补充课外材料"南瓜大王汤姆把优良品种送给邻居，获得了双赢"的故事，引导学生讨论下面的问题："If you are the Pumpkin King, will you share the seeds with your neighbors？"下面简单介绍开展辨析活动的操作步骤和建议。

1. 操作步骤

（1）Showing the topic.

If your pumpkins are always the best in your area，they almost help you win all the honors. Will you share your pumpkin seeds with your neighbors？Why？

（2）Interview.

Show your choices and give your reasons.

（3）Discussion.

Why does the Pumpkin King share his seeds with his neighbors？

（4）Conclusion.

Caring about others is also good to ourselves. Caring about others can win the respect and get others' offer more easily in the future.

2. 操作建议

（1）在采访环节，教师应放手，鼓励学生大胆发表自己的意见、观点。

（2）在讨论阶段，教师应引导学生对南瓜大王的行为进行深入分析，总结行为的价值所在。

（3）在总结阶段，教师应引导学生对比、分析自己的言行，矫正思想认识中存在的错误，认同人生的价值在于奉献，促进正确的价值判断和选择。

（4）在整个过程中，教师应始终是支持者、引导者。

【设计意图】

教师基于"社会服务"这一主题，选取相关联的热点生活话题作为课内语篇的深化或延伸，为主题意义探究提供有效、多元的教学资源，从而调动学生的主题活动探究热情。引导学生进行价值辨析，有利于学生在充分思考和讨论的基础上进行观点辨析，从自我批判和反思中纠正自己的价值观和行为偏向，消除思想认识中的困惑，从而做出正确的价值选择，并将所学知识内化为个人的价值观，进而指导自己的行为，真正落实学科的育人价值。讨论、分析、辩论、总结等学习方式可以培养学生的主观能动性，提高学生的自主探究能力，培养学生的独立思考能力、批判性思维能力、逻辑性思维能力、创造性思维能力，实现思维的培养由低阶向高阶发展。学生在阐述自己的观点以及展开辩论的过程中，自然而然也就提高了语言表达能力。在此过程中，辨析活动能激发学生的主动参与热情，同时提高学生的学习兴趣，激发学生投身公益活动的热情。

五、构建践行式的主题升华场域

《新课标》指出，教师应设计具有综合性、关联性和实践性特点的英语学习和思维活动，推动学生对主题的深度学习，帮助他们建构新概念，体验不同的生活，丰富人生阅历和思维方式，树立正确的世界观、人生观和价值观，实现知行合一。学生品德的形成，是在各种活动中通过自身和外界的相互作用来实现的。在现实生活中，虽然多数学生有积极参与公益活动的行为习惯，但仍有少数学生的表现令人担忧，比如有的虽然口头上表示要服务社会，但在实践中却出现畏难情绪，缺乏行动力；有的虽然参与活动，但牢骚满腹；有的存在戒备心理，害怕惹祸上身等。这不利于学生增强社会责任感，成长为具有文明素养的社会主义建设者。

通过上面几个环节的主题探究活动，学生已经形成了思想上的共识，充分认识到人生的价值在于奉献。为了充分落实学科育人的价值，让学生懂得"既要做口头上的巨人，也要做行动上的巨人"的道理，教师应创设践行式的主题探究场域，实现单元主题的升华。教师可主动联系学校的志愿者协会或周边的老人组织等需要志愿服务的场所，科学地组织和开展一些学生力所能及的公益活动，让学生在实践活动中体验奉献的快乐和意义所在。教师可要求学生记录活动的过程并总结切身感受，然后筛选出有代表性的作品，在课堂上进行经验介绍。教师还可向学校广播站推荐优秀代表或作品大力宣传，号召更多的学生参与到社会服务中来，进一步弘扬"助人为乐"的传统美德，推动学生对主题的深度学习，实现"在学中做，在做中学"的教学、教育目标，促成单元主题知与行的统一，落实英语教学立德树人的根本任务。

【设计意图】

践行式的主题意义体验活动让教学内容和教学方式更为丰富直观，更具有开放性和可操作性。践行式的主题探究场域引导学生在真实的经历中切身体验、理解奉献的意义，深刻领悟"社会服务"对个人成长的意义。后期的宣传活动更有利于激发学生进一步投身社会服务活动的热情，同时有利于纠正部分学生在情感和态度上存在的一些偏差，唤起他们的爱心，矫正社会上存在的冷漠现象，从而形成"人人为我，我为人人"的良好社会氛围。可以说，践行式活动的教育意义远远超过教师的灌输式教育方式。践行式的主题探究场域让学习过程成为学以致用的过程，既强化了学生的主体意识，提高了学生的主体参与能力，又促进了英语学科的深度学习，从而增强了教学的实效性。

参考文献

［1］中华人民共和国教育部.普通高中英语课程标准（2017年版）［M］.
北京：人民教育出版社，2018.

［2］沈晓彦.大单元概念下高三英语教学策略探究［J］.中小学外语教学
（中学），2020（8）：55-60.

［3］梅德明，王蔷.普通高中英语课程标准（2017年版）解读［M］.北京：高等教育出版社，2018.

［4］陈卫兵，沈华冬.指向思维品质的初中英语阅读"问题链"设计策略［J］.新课程研究，2018（2）：127–129.

［5］陈胜.从思维品质培养视角看初中英语阅读教学中的问题设计［J］.中小学外语教学（中学），2017（4）：10–14.

［6］王蔷.英语课堂教学中的预设与生成［J］.英语教师，2009（8）：18–21.

第四章
人 与 自 然

　　当今世界各国的教育正在步入"核心素养时代",培养学生正确的价值观、关键能力和必备品格已成为新时代教育的根本目标和使命。人与自然的关系是人类关注的永恒话题,在初中英语的单元教学中融入"人与自然"的主题内容,顺应了现行英语教材的设计理念以及立德树人的根本任务。

第一节 概 论

英语学科的教学目标应该顺应潮流，要由传统的知识和能力的培养转向学科素养的培养，注重从过程与方法、知识与技能、情感态度与价值观等多种维度进行培养，使学生通过英语学科的学习，塑造健康的人格，树立人类命运共同体意识和多元文化意识，树立正确的世界观、人生观和价值观，使学生的英语学习更为全面和规范。《新课标》应运而生，明确提出要关注主题意义，制定指向核心素养的单元整体教学目标。由此可见，主题意义的探究与单元教学的整体目标密切相关。主题是设计课堂教学目标和活动的主要依据，而单元是承载主题意义的基本单位，单元教学目标是总体目标的有机组成部分。

一、内涵及价值

在现实的初中英语教学中，有些教师不能聚焦单元的主题，教学内容呈现孤立化、碎片化的现象；有些教师虽然掌握了主题意义的引领策略，但在教学中还是更关注语言知识和语言技能的培养；有些教师没有挖掘主题意义的内涵，导致课堂教学呈现浅层的学习状态……因此，在初中英语教学中，教师应结合单元的主题意义和学生的生活实践创设主题语境，引导学生在主题意义的探究活动中体验不同的生活，丰富自己的人生阅历，树立正确的人生观和价值观，即能运用所学知识和技能，促进英语学科核心素养四大维度的融合发展。

英语课程离不开它所承载的主题内容。《新课标》指出：英语课程应该把对主题意义的探究视为教与学的核心任务。主题规约着语篇学习的知识和文化范围，同时为教师创设主题语境指明了方向，通过对主题的探究，学生从中发掘语篇的文化内涵，实现对语篇的深度学习的目的。人教版（Go for it）教材的编写以单元为基本单位，包括"人与自我""人与社会""人与自然"三大主题语境，它们是培育和发展学科核心素养的主要依据，是引领教学目标制定与学习活动开展的关键。

"人与自然"的关系是人类关注的永恒话题，千百年来，自然养育了人类，促进人类生生不息，是人类的朋友，人类应该敬畏自然并顺应自然，形成"绿水青山就是金山银山""不要让我们的子孙只能在博物馆里才能看到今天的动物"等共识，努力促进人与自然的和谐共处。但是随着生产力水平的不断提高，现在的自然已经不是原来意义上的自然，变成了"人化的自然"。特别是2020年突如其来的一场疫情夺去了许多人的生命，并给各国造成了极大的经济损失，这也给人类敲响了警钟，保护自然就是保护人类自己，人类要保护环境，珍爱生命。

人教版（Go for it）教材中融入"人与自然"的主题内容，如起始学段的天气、四季、动物，中高学段的山川河流、地质灾害、环境危机等，顺应了现行教材的设计理念并且符合《新课标》对现代人才的培养要求。教师应该摒弃单一的语言知识学习现象，充分发掘教材中相关的话题，引导学生关注身边事，积极参与"人与自然"话题的探究活动，让学生学会合作，推动深度学习，在培养学生的环保责任意识、人类命运共同体意识的同时，有效提升学生的思维品质，培养学生的综合语言能力，使学生成长为知行合一的社会主义建设者，为未来更好地适应世界多极化奠定基础。

二、单元整体教学设计中主题意义探究的五大意识

1. 主题引领意识

程晓堂指出，主题意义探究的过程可以充分激活学生自身已有知识、经验和智慧，发展其主动思维的意识和水平，促进其情感态度、价值观的形成，使其更好地理解世界和参与社会。通过挖掘语篇所表达的主题意义和内涵，学生可以发展更高层次的思维能力和建立积极的价值取向。

在单元整体教学设计中，教师应树立主题引领的设计意识，围绕单元主题设计以发展英语学科核心素养为宗旨的教学总目标，然后依据单元目标设计既互相关联又各自独立的板块目标。这样的设计意识一方面能使课堂的探究活

动组成一个以单元主题为中心的整体架构，避免碎片化、孤立化的传统教学模式；另一方面，能使学生通过在与主题意义密切相关的语境中对主题进行深度体验，充分挖掘语篇所蕴含的文化内涵，发展思维品质，提高语用能力，树立正确的人生观和世界观。

2. 情境真实意识

《新课标》指出，教师要改变脱离语境教授知识点的教学方式，要重视真实情境的创设。因此，在初中英语单元整体教学设计中，在主题意义的引领下，教师应将课本资源与学生的真实生活实践结合起来。这样容易引起学生的情感共鸣，让他们有话可说、有感可发，调动他们参与活动的热情，激活他们学习英语的内驱力。学生通过在真实语境中学习、感悟、运用语言，能掌握自己实际需要的有用的知识和技能，真正培养用英语做事的能力，实现学以致用的目标，推动对主题的有意义的探究，促进自身思维力、想象力、创造力等综合素质的发展。

3. 资源适切意识

初中《课标》指出，教师要善于根据教学的需要，对教材加以适当的取舍和调整。秦一丹等也指出，教学资源要服务于主题意义探究。人教版（Go for it）教材虽经几番修订，但由于现在的社会发展日新月异以及对人才的素质也有新的要求，其中部分题材已经跟不上时代的步伐，相对滞后。因此，教师在设计单元整体教学任务时，要与时俱进，从培养人才的实际需要出发，学会有的放矢地使用教材，学会灵活地"增减"教材内容，围绕单元的主题精挑细选教学资源，适当避开教材中"滞后"的内容，同时补充既有时代性和生活性，又能促进单元主题挖掘的课外资源，作为课内语篇的深化和延伸，以此弥补教材中的资源不足。可以说，贴近生活题材的主题探究活动更具现实意义，更能凸显教学活动的真实性和实效性。

4. 学生主体意识

苏霍姆林斯基说：在人的心灵深处有一种根深蒂固的需要，这就是希望感到自己是一个发现者、研究者、探索者。程晓堂（2018）指出，探究主题内容是学生学习的主要兴趣点和动力来源，有助于提高学生的学习积极性和课堂参与度。这些都说明了学生是一切教学活动中的主体，任何教师都不可能替代学生去学习。因此，在设计单元整体教学任务时，教师要转变教育观念，树立以学生为中心的意识，充分考虑学生的主体地位：一方面要关注学生现有的学科水平及生活经验，找到文本与学生生活的对接点，合理确定主题意义，建立适合学生需求的探究任务，激活学生对单元主题意义探究的兴趣和动机；另一方面要以学生的需求以及"最近发展区"为依据，设置的任务要考虑学生完成的难度，充分整合教学策略，创设适切的语境，设计层级性的任务，保护学生的自尊心，使每个学生都能参与到主题探究任务之中，提高他们的学习积极性，促进他们共同进步，增强他们的自信心，更好地提升课堂教学的实效性。比如上文提到的教学单元原来的话题为"Pollution and environmental protection"，笔者鉴于当前疫情与环境保护的关联性，同时考虑到当前疫情的防控需要，在不偏离原来主题的基础上，重新确定单元主题为"Protect ourselves"。这一主题更适合当前学生的实际需要，也更能唤起学生的探究热情。教师还可设置课余主题实践作业，让学生通过网络、报刊等途径收集疫情的防控知识，获取相关信息或图片，然后在课内进行交流。教师也可让学生到周边实地调查或访谈，了解当地的环境现状，形成调查报告，以此深化对单元主题的理解。

5. 任务梯度意识

在主题引领下的单元整体教学目标和主题语境设计中，教师要依据学生的认知水平以及"最近发展区"，设计由浅入深、层层递进、互相关联的阶梯式任务。任务设计可以从学生的已知到未知，从简单到复杂，从对主题的宽泛理解到聚焦具体内容，帮助学生搭建从回忆到理解，再到运用的学习支架。学生通过"提出问题→探究问题→解决问题→延伸问题"等一系列探究活动，既学习了语言知识，又发展了语言技能；既挖掘了文化内涵，又树立了正确的价值取向；既培养了良好的学习习惯，又掌握了学习策略，思维品质也得到了由低阶向高阶的推进式发展，即实现了"学习理解→实践应用→迁移创新"。具有梯度意识的任务设计能推动英语学习由浅层向深层转化，帮助学生成功跨越"最近发展区"，促进学生的可持续性发展。

第二节 "人与自然"的融入策略

在单元整体教学设计中融入"人与自然"的主题探究，除了要依据单元主题及相关语篇之外，还应关注身边的生活热点，在此基础上确定单元教学的总目标，并以此为主线确定各板块目标。同时，教师要通过不同层次的主题语境探究活动，使围绕主题意义的探究活动从基于语篇到深入语篇再到超越语篇，通过层层推进的探究任务，发展学生的能力和素养。下面，笔者以人教版九年级英语教材Unit13 We're trying to save the earth为例，谈谈如何把"人与自然—自我保护"主题融入单元整体教学设计中，深化学生的人类命运共同体意识，让学生学会合作共生。

一、思路设计

1. 学情分析

笔者授课班级的学生已经学习了七年英语，具有较高的英语学习热情，乐于参加教师创设的主题实践活动，他们在表现自己的同时更希望能得到别人的关注。本届九年级学生在七、八年级时已经学习一些有关保护环境和动物的话题，已经掌握了相关的语言和文化知识，现在又目睹了这次疫情对人们生命和财产造成的严重损害。因此，在本单元的主题探索活动中，学生更加有话可说、有感可发，他们的参与热情会更加高涨，更能深刻领悟人与自然和谐相处的重要性。

2. 主题确定

基于学生的实际需要以及当前的社会热点，结合本单元的话题"Pollution and environmental protection"，笔者重新定位本单元的主题为"Protect ourselves"。 结合当前的疫情形势，笔者引导学生分析环境现状以及起因，让学生通过合作探究提出解决问题的办法，从中感悟保护自然的重要意义，增强人类命运共同体意识，树立正确的人生观和价值观。在此过程中，学生学会迁移语境，共商在灾难面前如何借助文明礼仪和关爱行动，在保护自己的同时向他人传递社会的关爱之情，以期共渡难关。通过主题意义探究活动，学生能深度解读单元主题，升华了单元主题意义的教学目标，实现了能力向素养的转化。

3. 方案制订

围绕本单元的主题"人与自然—自我保护"，教师可以根据"提出问题→探究问题→解决问题→延伸问题"的路径，把教学内容分为四个板块：第一个板块为" Protect the environment"，对应"提出问题"；第二个板块为"Protect the animals"，对应"探究问题"；第三个板块为"Be a greener"，对应"解决问题"；第四个板块为" Protect ourselves，show love and care to others"，对应"延伸问题"。

4. 目标创设

《新课标》指出，单元是承载主题意义的基本单位，单元教学目标是总体目标的有机组成部分，教学目标应该可达成、可操作、可检测，每个课时目标的设定都要为达成单元整体目标服务。为此，笔者根据主题意义确定了以下单元教学总目标及各板块教学目标：

（1）单元总目标

① 借助语篇信息以及实地收集的资料，小组讨论分析环境遭到破坏的原因，认识到人与自然，特别是人与动物和谐相处的重要性，并提出合理的环保建议，争当环保者。

② 小组合作，共商疫情面前人们应该如何借助文明的生活方式进行自我保护，号召同学们关爱社会，传递社会正能量。

（2）板块目标

第一板块（Section A 1a-2d）：

① 通过观看身边生活场景的图片，对当地环境现状提出质疑。

② 借助听力语篇材料了解单元的主题。

③ 归类总结，合成系统的问题链。

第二板块（Section A 3a-4c）：

① 观看视频，了解当前野生动物令人担忧的生存环境以及正确认识保护动物的重要性。

② 通过语篇的探究活动，寻找、分析、归纳、判断语篇信息，进一步理解单元的主题。

第三板块（Section B1a-2e）：

① 分享保护环境的方法。

② 小组合作讨论如何做一名合格的环保者。

③ 小组合作，制作保护环境的海报，传播环保理念。

第四板块（Section B3a-Self check）：

① 观看疫情防控宣传视频，进一步强化对"人与自然"和谐相处的重要性的认识。

② 讨论分析如何养成文明的生活礼仪，增强自我保护的意识。

③ 讨论分析如何关爱别人，传递社会正能量。

二、活动设计

各板块的活动设计要以单元总目标为统领，以发展学生核心素养为目标，以语篇及补充材料为依托，以活动为载体，通过"提出问题→探究问题→解决问题→延伸问题"等层层递进的探究任务，在"学习理解→应用实践→迁移创新"等一系列融语言能力、学习能力、思维品质和文化意识为一体的主题实践活动中践行英语学习活动观，培养学生的高阶思维，促进学生的深度学习。

1. 提出问题

Step 1 创设情境，提出质疑

T：Look at the pictures that were taken by some of our classmates. I'd like you to talk something about the environment that is about our town. Work in groups, what questions would you like to ask from the pictures?

【设计意图】

疑问是思考的源泉，有了疑问，才能触发学生思维，激发学习热情。课前组织学生对周围环境进行实地调查访谈、拍照并在课堂上呈现，引发学生的认知冲突，让学生在熟悉的生活场景中自己发现问题，提出问题，这样可以激发学生探究主题的热情，提高学生的学习兴趣。

Step 2 听说跟进，了解主题

学生听录音并补充语篇中的句子，然后依据下列思维导图向同学讲述语篇的主题内容（图1-3）。

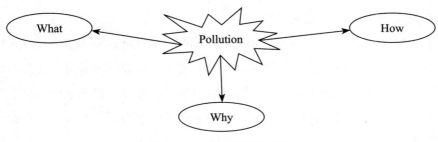

图1-3　主题内容思维导图

【设计意图】

此活动主要针对两部分听力任务而设置，借助思维导图让学生初步感知单元的主题，为下面的语言输出积累材料，培养学生的语言能力以及捕捉信息和收集信息的逻辑性思维能力。

Step 3 聚焦主题，生成问题链

面对同一个情境，不同的学生有不同的看法。笔者要求学生借助对话语境，对提出的所有问题进行归类总结，设置了比较统一又具有思考价值的问题链，引导学生由表及里、层层递进地学习理解板块的主题。

（1）What kinds of pollution are mentioned?

（2）What ways are mentioned to solve the problems?

（3）What are your own ideas for solving the problems?

（4）What will you say to our government about protecting the environment?

【设计意图】

生成环环相扣的问题链能统一学生的思想，促进学生在下面的探究活动中保持步调一致，层层剖析环境破坏的原因及解决办法。

2. 探究问题

Step 1 搭建支架，整合主题

教师可让学生观看"鲨鱼生存现状"的视频，然后回答下列问题：

① What do you know about sharks?

② Do you think sharks are endangered? Why?

③ What do you think may cause a fall in the number of sharks?

Step 2 分析判断，感悟主题

T：Have a discussion in groups, talk about whether we can eat shark fin soup, why?

教师不急于判断学生答案的正误，让学生带着问题阅读语篇，在互动交流过程中检验答案，感悟主题。对于语篇中的生词，教师可指导学生通过上下文的语义提示进行猜测，这样既帮助学生扫除了阅读中的语言障碍，又帮助学生掌握了语言技能。

【设计意图】

搭建阅读支架帮助学生逐步梳理、发掘语篇信息，在提高学生学习能力的同时让学生跨越"最近发展区"，形成有效的语言输出。小组讨论活动培养学生的批判性思维能力，通过分析和判断，学生能进一步感悟单元的主题。通过问题探究活动，学生逐步领悟以下道理：经济发展可以改善民生，但在经济发展的同时要尊重自然、顺应自然、保护自然。

Step 3 因势利导，加深理解

在梳理、归纳语篇信息之后，教师应抓住时机，组织学生观看"鱼翅的制作过程"的视频，然后因势利导，鼓励学生小组合作讨论"鱼翅"的相关话题，并制作成思维导图（图1-4）。

T：Do you like shark fin soup? Have you ever eaten it? Do you know how we can get it? Do you know what will happen to us when we eat a bowl of shark fin soup?

图1-4　"鱼翅"话题的相关思维导图

【设计意图】

小组讨论"鱼翅"的话题，有助于提高学生参与主题探究的热情，在分析"享受鱼翅"利弊的过程中，学生的批判性思维能力得以培养。通过判断和评价，学生对保护动物的重要性以及如何保护动物有了更清晰的见解，进一步加深了对语篇文化内涵的理解，为后面解决问题搭建语言支架。

3. 解决问题

Step 1 梳理总结，深化主题

任务1：教师引导学生围绕板块主题，通过对语篇的研读和探究完成下面的表格（表1-4），并对三位环保者进行描述。

表1-4 Be a greener

Names	Materials	Things

任务2：Fill in the forms in groups（表1-5）。

表1-5 Ways to save the earth

Individuals	Government	Organizations

【设计意图】

探究语篇的实践活动能深化学生对单元主题的理解，通过梳理语篇信息为下一个任务积累语言材料。第二个任务组织学生讨论分析个人、政府和组织在保护环境中应承担的角色，促使学生把语篇知识运用到生活实践之中，激发学生的探究热情，增强英语学习的"生活化"，培养学生的创造性思维能力。

Step 2 延续话题，强化主题

T：We have learned something about protecting the environment and animals. I'd like someone to share your opinions about how to save the earth.

在学生介绍一些方法之后，教师可继续追问：

T：Which way do you think is the easiest to save the earth？What else can we do besides the ways that have been mentioned？

【设计意图】

对前面板块主题内容的回顾能为接下来的主题延伸活动做好语言铺垫，同时培养学生的学习能力，让学生从表述自身的环保行动以及培养环保意识中建立学习内容与自身有意义的关联，逐步强化单元主题意义的挖掘和探究。

Step 3 想象创造，凝练主题

（1）教师可以让学生思考生活中有哪些东西是可循环利用的，同时思考可利用这些东西制作出什么产品。小组合作讨论并记录下来，同时评选出创意最佳的小组。

教师还可以提供以下句型供学生参考：

We can reuse... We can make... with it/them.

（2）Make posters about protecting the environment.

【设计意图】

创意活动及制作海报旨在培养学生的创造性思维能力，在合作探究活动中，让学生逐步认识到：保护自然实际就是保护自己，保护自己就要从自我做起，只有唤起全民的环保意识，环境保护才能落到实处。创意活动为学生提供了探究、解决问题的机会，在创作活动中，学生对单元主题进行凝练，从中树立环保意识，培养社会责任感。

4. 延伸问题

Step 1 贴近生活，拓展主题

在单元教学的最后阶段，教师应遵循单元整体教学设计中创设真实语言情境的原则，借助单元语篇的材料，以当前的疫情为补充材料，引导学生小组合作探究在疫情面前我们如何增强环保意识，如何在加强自我保护的同时为社会的防疫工作出一份力，做一个有文明素养的人。

教师可以首先组织学生观看疫情防控的相关视频，然后引导学生小组自主合作探究，最后让学生给出建议。

以下是学生给出的建议：

We shouldn't eat wild animals. We should keep our living conditions clean and tidy. We should ask the government to punish the people who kill wild animals. We should…

Step 2 传递关爱，升华主题

教师应充分发挥英语学科的育人功能，鼓励学生制订计划并付诸行动，向周围需要帮助的人传递关爱之情。此板块也是对单元主题意义的升华，引导学生的思维由环境保护升华到关爱他人，塑造正确的价值观，培养高度的社会责任感。

【设计意图】

创设贴近生活的主题语境能够增加主题意义探究的"真实性"，让学生从真实语境中运用并实践语言和文化知识，从中深刻体验单元的主题内涵，提高文明素养。关爱他人的行动倡议升华了单元主题，培养了学生的社会责任感，真正落实了英语学科立德树人的根本任务。

三、反思设计

在主题意义的引领下，本单元的教学设计中融入"人与自然"的主题语境。同时，教师结合学情以及核心素养的培养理念，在单元总目标的统领下，有意识地增加适合主题探索活动的生活实践资料，帮助学生在整体构思单元主题的基础上层层递进、由浅入深地挖掘主题，从中培养社会责任感，树立正确的人生观和价值观。

（1）在融入主题语境的过程中，教师根据主题的探究需要"增减"了部分教材内容，如减少了教材中如Section A 4a，4b的语法配套练习，增加了"防疫"的相关语篇以及视频，增强了主题语境探索活动的"生活化"。

（2）在探究单元主题的过程中，教师为学生创设了主动、合作、探究式的实践活动，体现了英语教学中学生的主体地位。当然，鼓励学生主动学习并不

意味着教师要完全"放手"，而是应该"收放有度"。

（3）在探究"人与自然"的各板块主题语境活动中，教师要以单元主题为引领，逐步推进，不能一蹴而就，在具有梯度的探究活动中融合核心素养的四个维度，促进学科育人的自然生成。

在初中英语单元整体教学设计中融入"人与自然—自我保护"的主题探究，在生态环境日益受到关注的今天，对培养学生的生态文明理念以及文明礼仪有着独特的价值与意义。它引导学生在"提出问题→探究问题→解决问题→延伸问题"的主题意义探究活动中践行英语学习活动观，形成"绿水青山就是金山银山，保护自然就是保护自己"的环保理念，有利于培养学生的英语学科核心素养，落实立德树人根本任务。

参考文献

[1] 中华人民共和国教育部. 普通高中英语课程标准（2017年版）［M］. 北京：人民教育出版社，2018.

[2] 程晓堂. 基于主题意义探究的英语教学理念与实践［J］. 中小学外语教学（中学），2020（3）：58-59.

[3] 王为忠. 基于主题意义探究的高中英语阅读教学设计［J］. 中小学外语教学（中学），2020（8）：44-49.

[4] 中华人民共和国教育部. 义务教育英语课程标准（2011年版）［M］. 北京：北京师范大学出版社，2012.

[5] 秦一丹，刘静. 基于主题意义探究的整体教学设计："人与自我——个人职业规划"［J］. 中学外语教与学，2020（3）：37-43.

第二篇

主题意义引领下的
课堂教学

>>在以主题意义为引领的课堂教学中，教师要根据不同课型，通过创设与主题意义密切相关的语境，充分挖掘特定主题所承载的文化信息和发展学生思维品质的关键点；基于对主题意义的探究，将特定主题与学生的生活实际相联系，通过一系列具有综合性、关联性特点的语言学习和思维活动，推动学生对主题的深度学习，实现立德树人的根本任务。

第五章

听力教学

在英语教学中，听力活动是学生学习英语的一个重要形式，是学生获得语言信息的主要途径，是发展学生语言能力、文化意识、思维品质和学习能力的重要载体。英语学习活动观下"以听促写"的教学策略体现了语言学习的"活动"本质和学生学习的主体性，体现了工具性价值和人文性价值融合统一的语言教学观。

第一节　概　论

　　《新课标》明确提出了指向学科核心素养的英语学习活动观。学科核心素养是学科育人价值的集中体现，是学生通过学科学习逐步形成的正确价值观念、必备品格和关键能力。该课程标准也明确指出：活动是英语学习的基本形式，是学生发展多元思维、培养文化意识、形成学习能力的主要途径。在英语教学中，听力活动是学生学习英语的一个重要形式，是学生获得语言信息的主要途径，是发展学生语言能力、文化意识、思维品质和学习能力的重要载体。里费斯（Rivers）的研究表明，在整个言语交际活动中"听"所占的比例为45%。

　　《义务教育英语课程标准（2011年版）》指出，听和读是理解的技能，说和写是表达的技能，它们在语言学习和交际中相辅相成，相互促进。《新课标》也指出，听、读、看是理解性技能，说和写是表达性技能，在语言运用过程中，各种语言技能往往不是单独使用的，理解性技能与表达性技能在语言学习和交际中相辅相成，相互促进。因此，教师在设计听、说、读、看、写等教学活动时，可以设计看、读、说、写结合以及听、说、读、写结合等的综合性语言运用活动。

　　如何通过实施有效的教学策略来提高初中英语听力教学效果呢？笔者认为，教师在听力教学中既要关注语言的输入活动，也要关注语言的输出活动，可以通过实施"以听促写"的教学策略，引导学生围绕听力语篇的主题意义，在参与主题语境的探究活动中不断反思和评价个人的生活经历，表达个人的情感和观点，促使自身能力不断提升，并逐步养成英语学科的核心素养。

一、理论背景

《新课标》明确指出，英语学习活动观由主题语境、语篇类型、语言知识、文化知识、语言技能和学习策略六要素整合而成，并指向学科核心素养。高洪德指出，任何学习活动，只要重视学生的全面素养发展，重视在语境中进行知识、技能、策略等的整合性的学和用，注重融语言、思维、文化为一体，就符合《新课标》提倡的学习活动观。

在初中英语听力教学活动的设计中，教师应以促进学生英语学科核心素养的发展为目标，围绕听力语篇的主题语境设计融合语言、思维、文化的教学活动，层层递进，加深学生对主题意义的理解，帮助学生在活动中提高听的技能，在探究主题意义过程中习得语言知识，进而尝试在新的语境中运用所学语言和文化知识分析问题和解决问题，创造性地表达个人的观点和态度，培养良好的思维品质，提高综合性地运用语言的能力，实现语言从有效输入到高效输出，促进英语的深度学习，切实提升英语教与学的效果。

因此，在"以听促写"的教学过程中，在英语学习活动观的引领下，教师应重点考虑学习理解、应用实践、迁移创新三类活动在听力教学中的合理分布比例。学习理解类活动属于基于语篇的活动，旨在帮助学生获得新知，是学生学习的起点。在此类活动中，教师围绕主题创设语境，激活学生的背景知识，引出要解决的问题，而学生通过梳理和整合听力语篇的信息，感知语篇的主题意义，为后面的活动奠定语言和文化知识的基础。应用实践类活动属于深入语篇的学习活动，旨在发展学生的思维，促进语言的自动化运用，是学习理解类活动的结果。在此类活动中，教师引导学生把从听力语篇中所获得的新知进行内化并加以运用，在巩固新知识的同时，感悟语篇的主题意义，逐步将知识转化为能力。迁移创新类活动属于基于语篇又超越语篇的活动，旨在塑造学生良好的品格，是英语学习活动中对学生能力的最高要求。在前面两类活动的基础上，教师引导学生在新的语境中创造性地解决陌生情境中的问题，升华语篇的主题，促进学生能力向素养的转化。

二、现实背景

近年来，随着中考英语听力分值所占比例的不断增加，加强学生听力训练，提高学生的听力水平，越来越受到广大英语教师的重视。但在现行英语听力教学中明显存在着一些弊端，比如"听力题海战术、听力考试题型专项强化训练"等偏重应试教育的模式。为了准确了解现行英语听力教学的现状，以便有的放矢地制定和实施有效的教学策略，促进学生核心素养的有效形成，在"以听促写"教学策略研究之初，笔者对学校45名学生进行了主题为"英语听力教学活动情况"的问卷调查。下面为调查情况的结果统计（表2-1）。

表2-1　英语听力教学活动情况

（单位：人）

内容	同意	非常同意	不同意	非常不同意
老师的听力教学有意义	2	1	10	32
听力教学经常是边听录音边做习题	25	20	0	0
老师在检查答案时会引导学生复述听力材料	15	20	8	2
在听之前老师会让学生依据图片对听力内容进行预测	3	2	25	15
听力活动之前经常有其他相关内容作铺垫	2	1	26	16
听力活动之后老师让学生进一步探究语篇的主题	1	1	20	23
在听力之后老师让学生就其中的某个话题进行讨论	1	1	26	17
老师经常围绕某个主题让学生以口头或书面形式表达观点	1	0	28	16
听力教学可以提高口语和书面表达能力	2	1	30	12

从调查结果中我们不难发现，传统的英语听力教学存在着诸多问题，具体表现为：教学内容缺乏有效的整合，多以配套习题和简单的跟读代替真正的听力训练以及语言输出；教学方式呈现应试化、表层化和碎片化现象，教师的任务就是播放录音，学生的主要任务就是完成各项听力练习，当然有些教师在

此基础上会组织学生朗读听力材料，从中掌握解题的技巧，但此方式明显偏重应试技能的训练；教学目标方面，教师更关注的是语言知识和听力微技能的训练，忽略了对学生思维能力和文化意识的培养；教学效果方面，整个教学过程中学生都处于浅层的学习状态，思维培养一直处于低阶层次，学习能力和文化意识得不到有效的培养，学科素养当然也难以得到充分的发展。

第二节 "以听促写"教学实践策略

下面以一节市级"优课"为例，阐述在英语学习活动观下的初中英语听力教学中，教师如何在主题语境的探究活动中以听力教学活动为载体，实践英语学习活动观，从而促进学生写作能力的提升，实现能力与素养的同步提升。

本课例的教学内容为人教版九年级英语教材Unit13 We're trying to save the earth的Section A 1a-1c。该部分教学内容的主题为"Pollution and environmental protection"，属于主题语境中的"人与自然"下面的主题群"环境保护"。该课例参加了2018年"一师一优课、一课一名师"活动比赛，并被评为市级"优课"。

一、教学思路

本单元语篇的课型属于议论文，主题语境是"Protect the environment"。教师可围绕主题语境设计三项活动：第一项为学习理解类活动，首先是组织学生欣赏相关的音乐视频并进行听前预测，以此激发学生的探究热情和求知欲望；然后学生通过精听语篇，运用元认知策略和认知策略，对文本信息进行梳理，并由此获取新知识，初步感知语篇的主题意义，为后续的拓展活动搭建语言支架。第二项活动为应用实践类活动，学生除了对语篇信息进行深度挖掘，感知语篇的价值取向之外，还围绕主题语境对语篇进行复述，以此内化、实践获得的语言和文化知识，逐步将知识转化为能力。第三项活动为迁移创新类活动，包括迁移主题语境，学生运用交际策略和情感策略分析身边的环境问题，表达自己对环境污染的看法，从而激发强烈的社会责任感和对未来发展的思考，在此过程中凝练、升华语篇的主题意义。在此基础上，运用所学语言和文化知识解决当地环境保护中存在的问题，提高对语言和文化知识的理解和表达效果，实现语境的迁移以及语言的再创造。

在本节听说课中，教师通过创设真实的语境，引导学生运用听、说、读、看、写各种语言技能，通过获取、梳理、整合语篇的语言和文化知识，深化对语篇主题意义的理解，进而创造性地表达个人的观点和态度，即通过理解性技能"听"的发展来促进表达性技能"写"的提升，有机整合英语学习活动观的六要素，实现"知识—能力—素养"的有效转化。

二、学情分析

在英语学习活动观下"以听促写"的教学实践中，教师要明确活动是英语学习的基本形式，在主题语境的引领下，设计一些紧密联系学生生活实际的探究活动，让学生在具体的活动中理解、感知、感悟、凝练、升华主题，最终实现英语学科发展学生素养的目标。本课例教学内容涉及的话题"Protect the environment"为当下社会关注的热点，学生已从各种不同渠道了解并掌握了一些相关的信息。同时，笔者授课班级的学生身处以生产和制造不锈钢产品为主业的乡镇，环境污染比较严重，人们深受其害。因此，组织学生就本镇的环境问题展开讨论并发表个人见解具有现实意义，学生有话可说，有感可发。在主题语境的探究活动中，学生会将真实情感渗透于听力教学之中，不但能凸显语篇的主题意义，而且也有助于"以听促写"教学策略的实施，助力语言技能向学科素养的转化。因此，在听说课中开展基于六要素整合的英语活动观的探究活动，符合学生的年龄特征，同时符合新课标的培养理念。

三、教学目标

基于以上教学思路、学情分析以及英语学习活动观的设计理念，笔者将教学目标从简单到复杂、由低层向高层进行设定，使教学目标既有重点，又有层次性。教学目标具体如下：

（1）观赏迈克尔·杰克逊的音乐视频Earth Song，说出视频展现了什么以及想要表达什么。

（2）根据单元标题以及关联的图片，预测听力语篇的内容。

（3）通过精听语篇梳理信息，掌握环境污染的现状、原因以及对策。

（4）通过挖掘听力语篇的内涵信息，进一步感悟语篇的主题意义。

（5）借助关键词对语篇内容进行复述。

（6）通过观看本地环境污染的视频，小组合作寻求解决问题的良策。

（7）给当地环保部门写一封信，创造性地提出解决本镇环境问题的办法，理性表达自己的观点。

四、教学活动

1. 创设情境，激发兴趣

本课例的听力语篇与环境保护有关联，因此，在导入环节，笔者首先让学生观赏迈克尔·杰克逊的音乐视频Earth Song。为了让学生有的放矢地完成学习任务，在欣赏歌曲之前，笔者要求学生不要一味停留在欣赏歌曲的层面上，而是在欣赏过程中认真观察，围绕下面两个问题对歌曲进行鉴赏：

（1）What does the video talk about?

（2）What does the video want to tell us?

观赏完视频之后，学生给出了下列答案：

The video talks about the environmental problems. It wants to tell us to protect the environment. For example，don't cut down trees and we should protect animals. Or we'll lose our wonderful home. Protecting the environment is protecting ourselves.

接着，教师可引导学生运用认知策略，根据单元标题"We're trying to save the earth"以及与语篇关联的图片（图2-1），对听力语篇的内容进行预测。然后教师帮助学生梳理并掌握语篇涉及的主要环境污染类型，如noise pollution，air pollution，water pollution等，同时整理出各种关联的污染源，如loud music，mobile phones，ships等。学生在此过程中运用元认知策略有意识地回顾前面所学的知识，为后面的听力教学扫除语言障碍。

图2-1　We're trying to save the earth语篇关联图

【设计意图】

以上活动指向教学目标（1）和（2）。听前环节欣赏与主题相关联的视频能激活学生的背景知识，同时引导学生初步感知语篇的主题，激发学生的参与热情。预测听力内容促使学生更加专注听力的学习活动，让他们带着好奇和疑问迅速进入学习情境，积极验证自己对文本的理解是否存在偏差。这些活动既能帮助学生回顾前面已学过的相关语言知识，又能为后续视听活动做好语言准备；既能激发学生的主动思维，又能缓解学生课前的紧张情绪。

2. 梳理信息，获取新知

听前的预测活动促使学生形成较强的学习期待，此时教师可提供设计好的表格（表2-2），引导学生根据表格的内容分析和预测需要填写的词汇及相关词性，培养学生把握和预测听力信息的能力；然后布置教材提供的听说任务，让学生精听语篇内容，完成表格内容，逐步梳理语篇信息。

表2-2　预测信息

What
The river was _____ . Even the bottom of the river was full of _____ . There were no more _____ for fishermen to catch.
Why
People are throwing _____ into the river. Factories are putting _____ into the river.
How
We should write to the _____ and ask them to _____ the factories. Everyone should help to _____ the river.

【设计意图】

在精听语篇之前引导学生预测需填写的信息，可以培养学生的观察分析能力和预测能力，同时帮助学生对听力内容有一定的心理准备，减少学生的顾虑心理。精听语篇信息活动指向教学目标（3），旨在帮助学生把握听力语篇的关键信息，在验证自己预测结果的过程中，逐步梳理语篇的信息，获取语篇的新知，进一步理解语篇的主题。

3. 加工信息，深化认识

在"以听促写"的听力教学中，学生不能局限于学习表层的信息，教师的教学设计也不能只停留在听力练习的层面，而需要围绕主题和学生已经掌握的新的知识点，引导学生对语篇开展详细和深入的分析，发掘语篇的内涵信息，从而体会语篇所承载的文化价值，形成新的概念，进一步感悟语篇的主题意义，发展思维能力。为此，笔者设计了下列问题，要求学生进一步分析语篇的隐含信息。

（1）What does the dialog show us?

（2）What could people do to protect the environment?

（3）Why should we protect the environment?

通过上述问题，学生进一步领悟了语篇的内涵：

Our environment is badly polluted. Besides the government，everyone can also do something to improve our environment such as cleaning up the river，writing to the government to close down the factories that put waste into the river. For our health and better life，we should take action now.

【设计意图】

加工信息和发掘语篇内涵属于应用实践类活动，此类活动指向教学目标（4），旨在引导学生阐释和分析语篇的信息，促使学生对语篇形成新的认识，从整体上把握语篇的逻辑框架，构建新的概念，挖掘语篇的文化价值，发展逻辑性思维能力，使学生从表层学习逐步走向深度学习。

4. 实践语言，建构新篇

在学生深度解读语篇的内涵之后，教师应通过开展具体的语言实践活动，引导学生把语言知识以及关联的信息进行整合性的输出，巩固语篇的语言知识，建构新的篇章结构，逐步实现对语言知识和文化知识的内化和应用。为此，笔者要求学生根据下列关键词复述语篇的内容（表2-3）。

表2-3　关键词

What	dirty，bottom，rubbish，fish
Why	litter，put waste into
How	write to，close down，clean up

【设计意图】

复述活动旨在帮助学生围绕语篇的主题语境内化和运用语言知识和文化知识。此项活动指向教学目标（5），目的在于帮助学生在构建新篇的过程中凝练语篇的主题意义，汲取语篇中反映主题文化的精华部分，并将知识转化为能力，促进语言应用的自动化，为后续的迁移创新类活动搭建语言支架。

5. 迁移语境，延伸文本

英语学习活动观下"以听促写"的教学过程不是简单的接受与识记，而应该引导学生基于语篇并超越语篇，把语言和文化知识迁移到新的语境之中进行探究和创新，解决生活中的实际问题，以此提升解决问题的能力。笔者针对学生所在乡镇生产不锈钢产品导致环境污染的现象，要求学生观看视频《彩塘镇不锈钢行业衍生问题调查实录》，再依据下列思维导图（见图2-2），以小组合作的方式陈述本镇环境污染的现状。

The problems are caused by stainless steel in our town. Please watch the video and finish the mind map.

图2-2　本镇环境污染现状的思维导图

学生通过观看专题视频，在小组讨论之后，给出下列信息（表2-4）

表2-4 专题视频信息

What	The environment is badly polluted because of the stainless steel industry.
Why	It produces lots of harmful gas and dust when we polish the stainless steel products. The factories also put waste water into the river.
How	We should ask the government to close down the factories that pollute the environment. Ask the people to realize the importance of having a clean and tidy town.

【设计意图】

把主题语境的探究活动迁移到相关联的生活场景中，体现了"用英语做事"的教学目标。本活动指向教学目标（6），旨在让学生运用交际策略解决与自己息息相关的问题，进一步感受环境保护的重要性，真正领悟语篇的主题意义，培养责任担当的意识，提升文化意识，在梳理信息中提高与他人合作的能力。这将有助于学生成长为有文明素养的社会主义接班人。

6. 发挥想象，塑造品格

通过前面对语篇信息的梳理、挖掘、内化以及迁移论证，学生对语篇的主题意义已有了明晰的认识，形成了积极向上的价值取向。此时教师应该乘胜追击，引导学生运用多元思维创造性地解决生活中的实际问题，理性表达自己的观点、情感和态度，培养正确的价值观，塑造良好的品格，实现深度的学习。在前面分析所在乡镇环境污染的现状的基础上，笔者设置了下列创造性任务，要求学生给当地的环保部门写一封信，就当前存在的环境污染问题陈述自己的看法并提出一些解决的办法。

What should we do to save our town? Have a discussion with your partners and then write a letter to the environmental protection department.

【设计意图】

此项活动指向教学目标（7），属于迁移创新类活动。此项活动鼓励学生运用情感策略，把从听力语篇中所学的语言和文化知识创造性地运用到生活实际之中，把情感态度渗透到语言输出之中，发展了学生的语言能力，达成了"以听促写"的教学目标。同时，写作活动能充分发挥学生的想象力并挖掘他们的创造力，促进思维由低阶向高阶发展，培养学生的社会责任意识，让学生形成正确的价值观，塑造健全的人格，实现能力向素养的转化，落实英语学科立德树人的根本任务。

五、注意点

在"以听促写"的听力教学中，笔者把英语学习活动观六要素有机地整合在一起，引导学生在主题语境的探究活动中实现知识向能力、能力向素养的转化。在实施过程中，笔者有下列感悟。

1. 教学目标要体现整体性

在"以听促写"的教学中，教师在教学之前一定要深入研究听力语篇的内容，围绕听力课程内容的六要素对文本进行充分的分析，理清听力语篇的题材结构，把握文本的语言特征，精准定位语篇的主题意义，确定教学思路和适切的学习策略，从而全方位地确立基于核心素养发展的教学目标。

2. 教学设计要体现实效性

在听说课的教学设计中，要达成"在用中学，在学中用"的学习目标，体现听说课的实效性，这就需要做到：在情境创设上要密切联系学生已有的知识和经验，力求真实、科学；在"学习理解—应用实践—迁移创新"层层递进的主题探究活动中，既要运用理解性技能（听、读、看），又要融合表达性技能（说和写），注重语言"输入—内化—输出"三位一体的培养过程，发挥英语学科促进学生语言与思维能力同步发展的功能，促进学生的全面发展。

3. 教学效果要体现人文性

在核心素养的培养视角下，英语教学不仅要体现工具性，更要体现人文性。在听力教学中，教师要树立语言与文化相互促进、相互渗透的意识，借助"以听促写"的教学策略，引导学生在主题语境的一系列探索活动中发展语言技能，将文化知识内化为具有正确价值取向的认知、行为和品格，从而开阔文化视野，丰富生活阅历；通过语言的有效输出构建多元的文化意识，促使学生的语言能力、学习能力、思维品质和文化意识得到同步提升。

英语学习活动观下"以听促写"的教学策略体现了语言学习的"活动"本质和学生学习的主体性，体现了工具性价值和人文性价值融合统一的语言教学

主题意义引领下的课堂教学

观。实践证明，它可以有效改变当前听力教学中存在的"应试型"教学模式，明确指向英语学科的核心素养，能有效地将知识学习和多元技能发展融入主题和语境之中，助力深度学习，推动融合语言、思维、文化的三维立体式教学，全面落实立德树人的根本任务。

参考文献

［1］中华人民共和国教育部.普通高中英语课程标准（2017年版）［M］.
　　北京：人民教育出版社，2018.

［2］中华人民共和国教育部.义务教育英语课程标准（2011年版）［M］.
　　北京：北京师范大学出版社，2012.

［3］高洪德.英语学习活动观的理念与实践探讨［J］.中小学外语教学
　　（中学），2018（4）：1–6.

第六章
阅读教学

　　阅读教学是初中英语教学中的重要内容，对培养学生英语学科核心素养具有重要的意义。《新课标》指出，主题是英语课程内容的六大要素之首，为英语学习提供主题范围或主题语境，所有的语言学习活动都应该在一定的主题语境中进行。在开展主题意义探究的活动中，语篇不仅为学生发展语言技能和形成学习策略提供语言和文化素材，还为学生形成正确的价值观提供平台。教师在教学时要认真研读和分析语篇，在引导学生挖掘主题意义的活动中，要整合语言知识学习、语言技能发展、文化意识形成和学习策略运用，落实培养学生英语学科核心素养的目标。

第一节　概　论

张凌敏指出："阅读是语言和思维交互作用的过程，具有发展语言和思维的特殊功能，对提升学生的英语学科核心素养有着关键作用。"但在现行初中英语阅读教学中，受传统"唯分数论"教学思想的影响，相当多的英语教师在教学内容上往往以词汇、语法知识为重点，在教学方法上以单一的技能训练为主，在教学模式上出现模式化、表层化和碎片化现象。这样的教学导致学生被动地接受知识，缺乏深度的理解和学习，处于浅层次的学习状态，英语学科的核心素养得不到有效的培养和融合，学科育人目标当然也难以得到落实。那么，如何通过科学有效的英语阅读教学策略来促进学生英语学科核心素养的培养，从而达成学科育人的目标呢？

在新课程标准引领下，笔者认为基于主题意义探究的英语阅读教学是一个值得探究的教学新模式。程晓堂指出，基于主题意义探究的课堂教学就是围绕一定的主题，设计课堂教学的目标、内容和活动。主题是教学的理念，最早是教育学专家提出的一种教学改革思路，其源头可以追溯到20世纪50年代美国兴起的主题课程教学模式（thematic instruction或theme-instruction）。该教学模式的核心理念是：在建构主义学习理论和多元智能理论的指导下，通过跨学科领域的主题探究与活动来发挥学生的主体建构性和主观能动性，从而实现促进学生全面发展的目标。

一、理论依据

《新课标》指出主题是英语课程内容的六大要素之首，为英语学习提供主题范围或主题语境，所有的语言学习活动都应该在一定的主题语境中进行。主题语境不仅制约着语言知识和文化知识的学习范围，还为语言学习提供意义语境并有机渗透情感、态度和价值观。在英语阅读教学中，学生对语篇主题意义的探究深度直接影响学生对语篇理解的程度、思维发展的水平和语言学习的成效。在英语阅读教学中，教师要以主题意义为引领，通过创设既相互关联又具有梯度的探究任务，调动学生已有的基于主题的经验，帮助学生建构和完善新的知识结构，推动学生对主题的深度学习，树立正确的世界观、人生观和价值观，实现知行合一。

在《义务教育英语课程标准（2011年版）》中虽然没有明确提出主题意义这个概念，但在其总目标中已明确指出，要通过英语学习使学生形成初步的综合语言运用能力，促进心智发展，提高综合人文素养。人文素养是做人的基本品质和基本态度，它的最终目标是培养学生正确的人生观和价值观，这与《新课标》中主题意义引领的内涵相吻合。因此，在初中英语阅读教学中，进行主题意义引领下的教学研讨活动是具有很高的理论价值和实践意义的。

二、主题意义探究存在的问题

随着《新课标》的正式发布，六要素整合的英语学习活动观已引起越来越多英语教师的重视并加以实践，取得了很好的效果。许多初中英语教师为了做好初高中英语学科的衔接，促进学生的全面、可持续发展，在实际阅读教学中也逐步重视和使用主题意义引领的培养理念，在学科育人方面走出了可喜的一步。但笔者在调查中发现，部分初中英语教师由于受到"应试教育"思想的影响，在实施基于主题意义探究的课堂教学时存在缺乏方向性、整体性和关联性等问题，主要表现在以下几点。

1. 碎片化

在阅读教学中，相当多的教师过于注重语言知识的学习和语言技能的训练，忽视对语篇主题意义的解读，导致教学活动的设计没有整合意识，缺乏主线，显得比较松散，各项任务缺乏关联性，出现"碎片化"的现象。这将会造成语言学习情境的缺失，阻碍学生对主题意义的宏观理解和把握，不利于核心素养四大维度的培养。

2. 模式化

许多教师的阅读教学目标在于提高学生的应试能力，因此，课堂阅读教学活动的模式也尽量与考试题型接轨，活动模式基本上是固定的，大多为段落大意匹配、填表格、回答问题等，加上课堂的时间有限，有时课堂的活动出现互动假象，教师留给学生思考的空间不多，学生从活动中受益很少。有的课堂活动还经常出现情感强加的现象，学生根本不能表达自己真实的情感，学生的学习积极性难以得到调动，甚至出现厌倦心理。比如，有的教师创设活动让学生表达对某节日的态度时，直接要求学生以"I love/like... Because..."进行描述，将学生的情感态度限定在一个固定的模式。

3. 表层化

在初中英语阅读教学中，教师开展最多的是较低层次的学习理解类活动，而深入语篇的应用实践类活动开展得比较少，超越语篇的迁移创新类活动就更是凤毛麟角了。这样的课堂教学使学生处于浅层学习状态，大多停留在识记和理解阶段，不利于学生批判性和创造性等高阶思维的培养，还影响学生学习能力、语言能力和文化意识等学科素养的培养。

三、APP阅读教学策略

为了解决初中英语阅读教学中存在的种种问题，引导学生形成新认知、新情感，做到知行合一，教师应该认真研读《新课标》，将育人目标有机融合到教学内容与实践活动之中。教师应及时调整教学策略，关注语篇的主题意义，依托语篇和语境，将知识学习和技能发展融入主题意义的探究之中，力求实现学生语言、思维和学习能力的融合发展。笔者在教学实践中聚焦文本内涵，尝试以主题意义为引领，运用APP阅读教学策略进行语篇分析、目标定位和实践活动，从而促进学生的学习向纵深方向发展，落实立德树人的根本任务。

APP教学策略指在初中英语阅读教学中，教师围绕语篇的主题意义，展开一系列促进学生深度学习的教学设计和活动（图2-3）。其中，A（Analyze）代表基于主题意义的语篇分析。主题意义存在于语篇之中，语篇承载着主题意义，教师只有深入分析语篇，挖掘语篇的深层内涵，才能准确把握主题意义，才能确立适切的教学目标。这也是课堂教学实现育人目标的先决条件，直接影响学生学习体验的程度、思维发展的维度、情感参与的深度和学习成就的高度。第一个P（Position）代表基于主题意义的目标定位。教学目标是教学活动预期达到的结果，在设计时既要围绕语篇的主题意义，又要体现学习活动观的理念，具体内容包括知识与技能、过程与方法、情感态度和价值观。它是开展一系列教学活动的依据，能使教学有明确的方向，是实施有效实践活动的前提和基础，也能有效助推主题意义的探究，提高课堂教学的质量。第二个P（Practice）代表基于主题意义的实践活动。有效的实践活动有助于达成教学目标，让学生学会学习、合作和探究，发展英语学习活动观，培养学科核心素养，落实立德树人的根本任务。在主题意义的引领下，教师结合学生的生活实际，设计适切的主题探究实践活动，激发学生的参与热情，鼓励学生发表自己的不同观点，从而逐步深化对主题意义的认识，有效推动学生的深度学习，避免了题海战术、唯知识为重、孤立化等问题。

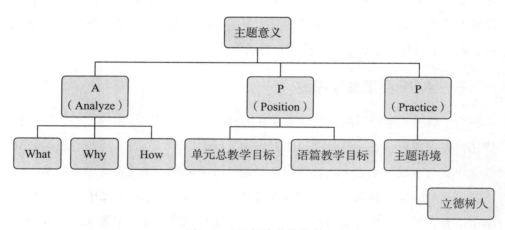

图2-3　APP阅读教学模式

第二节　APP阅读教学策略的实践案例

　　程晓堂指出，主题式教学的基本思路是：在真实情景中围绕主题开展教学，根据主题设计教学目标和具体教学要求，根据教学目标和教学要求设计教学活动，帮助学生实现认知和非认知学习目标。下面笔者以人教版九年级英语教材Unit11 Sad movies make me cry Section A 3a-3c的阅读语篇The shirt of a happy man为例，阐述在主题意义引领下，如何运用APP教学策略确保初中英语阅读教学的方向性、整体性和关联性。

一、深入分析语篇，聚焦主题内涵

　　《新课标》指出，在开展主题意义探究的活动中，语篇不仅为学生发展语言技能和形成学习策略提供语言和文化素材，还为学生形成正确的价值观提供平台。教师在教学时要认真研读和分析语篇，在引导学生挖掘主题意义的活动中，要整合语言知识学习、语言技能发展、文化意识形成和学习策略运用，落实培养学生英语学科核心素养的目标。

　　语篇是主题意义探究的载体，对主题内涵的准确把握为后面教学目标与学习活动形式的确定提供了重要依据。教师深度解读语篇并准确把握主题内涵是实施主题意义探究的起点和落脚点，也为整体性教学提供了保障。因此，教师在进行教学设计之前，一定要对语篇进行深入解读，分析语篇的内容、主题、文体特征，即What，Why和How这三个问题，帮助学生明晰语篇的主题内涵，为后面的深度学习指引正确的方向，让行动更有指向性。

　　教师分析语篇时回答的三个问题中，What代表What does the article mainly talk about？即语篇的具体内容。本语篇主要讲述：很久以前有一位国王，他虽

81

然拥有了一切，但却不快乐。医生认为他不快乐的主要根源在于内心，建议他穿上快乐者的衬衫，以便重新快乐起来。他的首相、财务大臣、宫廷乐师虽然各自拥有权力、财富和名声，但他们也不快乐，最后国王派大将军在三天内为他找来一个快乐者。

Why代表Why does the writer write the article? 即语篇的主题意义，这也是教师在分析文本的过程中必须准确把握的关键点，它决定了教学目标的方向性。本语篇主要谈论了价值取向的问题，引导学生认识什么才是真正的幸福，应该珍惜今天美好的生活并为实现理想而努力奋斗。

How代表How does the writer show his idea? 即语篇的文体特征和语言特点。本语篇是一个关于寻找快乐的寓言故事，隐含着语篇的主题意义。从文体特征来看，该语篇的标题 "The shirt of a happy man" 起到画龙点睛的作用，结尾部分没有给出明确的结局，给学生留下了想象的空间，拓展了学生的思维。从语言特点来看，该语篇聚焦事物对人产生的影响以及相应情感的表达方式，与本单元的目标语言make sb. do sth. /make sb. adj. 巧妙地融合在一起，让学生从语言学习中逐步提升思维品质和语言表达能力。

二、精准定位目标，助推主题探究

教学目标的确定关系到课堂教学的成败，它既要强调学习过程，也要显示学习结果。因此，定位教学目标时，既要关注语言的工具性，也要关注语言的人文性，指向学科核心素养的融合发展；既要目标清晰，也要具有可操作性和可评价性，不要出现类似"提升学生的文化意识""培养学生的思维品质"等标签式的笼统目标用语等问题。基于以上思路，笔者为该语篇设计了下列基于主题意义的教学目标：

（1）通过教师展示的相关图片，学生进行自由交谈，进入主题，演练语篇的句式结构make sb. do sth. /make sb. adj. 等。

（2）通过标题及图片预测语篇的内容。

（3）概括语篇的主旨大意；借助思维导图，围绕 "Happiness" 这个主题梳理语篇的信息。

（4）运用careful reading的阅读策略，挖掘语篇信息。

（5）找出同义短语并模仿造句，简述语篇中各人物的故事。

（6）理解作者的写作意图；通过讨论活动领悟主题意义，反思自己的生活态度。

（7）预测故事的发展结局。

上述教学目标的设计具有如下特点：

（1）体现了英语学习活动观的设计理念，推动学生的深度学习。前三个目标为基于语篇的学习理解类活动，学生通过阅读与交流进入主题，激活主题背景知识，同时通过梳理和整合语篇知识，思考语篇的主题。第四和第五个目标为深入语篇的应用实践类活动，帮助学生描述、阐释、内化与运用语篇的语言知识和文化知识，进一步理解语篇的主题。最后两个目标为超越语篇的迁移创新类活动，通过语言、思维、文化相融合的活动，层层递进地引导学生在新的情境中领悟主题；通过想象和创造活动，在拓展主题的同时发展学生的语言技能，让学生形成积极的人生观和价值观，促使思维品质的培养由低阶向高阶发展，实现立德树人的根本任务。

（2）融合了核心素养的维度。前五个目标通过查阅资料、传授学习策略、同学间合作探究等学习方式，在培养学生的逻辑性思维能力的同时，发展学生理解和运用语言知识的能力，学生的学习能力也得以提升。后两个目标通过讨论、反思以及预测活动，既培养学生的批判性和创造性思维能力，又帮助学生树立正确的价值观和人生观，在潜移默化中提升学生的文化意识。

三、巧设实践活动，深化主题认识

《新课标》指出，在主题探究活动的设计上，教师要注意激发学生参与活动的兴趣，调动学生已有的基于主题的经验，帮助学生建构和完善新的知识结构，深化对主题的理解和认识。因此，教师在设计教学活动时，一定要以主题意义为引领，依据设定的教学目标，巧设一系列有助语言培养、文化理解、思维发展、能力提升的英语学习活动，推动学生对主题的深度学习，落实培养学生英语学科核心素养的目标。

1. 基于语篇，感知主题

"基于语篇"重在创设基于主题意义的学习理解类活动。此项活动旨在激活学生已有的背景知识和经验，激发学生探究主题意义的兴趣，铺垫必要的语言和文化背景知识，引出要解决的问题，帮助学生基于语篇的内容，获取语篇的信息，初步了解语篇的内涵，感知语篇的主题意义。基于语篇的活动是学生学习语篇的起点，它为后面深入语篇和超越语篇活动的设计与实施奠定基础。

（1）讨论与预测，感受主题

该活动指向教学目标（1）和（2），是学生建构新知识结构的起点。在Lead-in环节，教师可展示一些代表金钱和权力的图片，让学生围绕话题"What can make you happy？"进行自由交谈，陈述各自的不同价值观。

在陈述过程中，学生表达了各种不同的观点：

S1：I think money can make me happy. I can do what I can with money.

S2：I think power can make me happy. If I have power，I can let others do the things I want to do.

S3：I think family can make me happy. I like spending time with my family.

S4：I think health can make me happy. If you are not healthy，you can't do anything well.

S5：...

在pre-reading环节，教师引导学生依据语篇的标题"The shirt of a happy man"以及语篇的插图对语篇的内容进行预测，同时回答下列问题：

① What is the man? Is he happy? Why or why not?

② What do you think the passage mainly talks about?

通过小组讨论，学生对语篇内容给出预测：

S1：I think he is a king. I think he is very happy. Because he has everything. He can do what he wants.

S2：I think he is unhappy. From the title I think he is short of the shirt of a happy man. So the passage mainly talks about how he can find a happy man.

S3：...

【设计意图】

在导入环节引导学生就"什么能让你快乐"的话题进行自由交谈，旨在激活学生已有的背景知识，吸引学生的注意力，调动他们的学习积极性，为语篇主题意义的探究做好铺垫。学生在交谈过程中逐步理解并运用本课的语言结构 "make sb. do sth. /make sb.adj.", 为进一步研读语篇扫除了语言障碍。解读标题是领悟文本主题意义的有效途径之一, 利用图片和标题引导学生有效猜测语篇的内容, 能激发学生的学习兴趣, 让学生形成阅读期待, 初步感知文章的表层信息。

（2）略读与跳读, 思考主题

阅读的过程实际上是一个增长新知识, 优化认知结构的过程。本活动指向教学目标（3）。在pre-reading环节, 教师引导学生运用skimming阅读策略, 概括语篇的主旨大意, 完成下列任务:

T: Skim the passage and find out the main idea. Do you know how to find the main idea?

S: Look through the passage quickly, especially pay attention to the first or the last sentence of each paragraph.

接着教师引导学生运用scanning阅读策略完成下列思维导图（图2-4）, 梳理语篇的语言知识, 进一步思考语篇的主题意义。

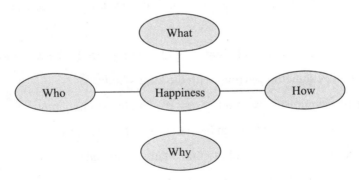

图2-4　The shirt of a happy man语篇思维导图

该思维导图围绕语篇的主题意义 "Happiness", 引导学生运用scanning阅读策略梳理信息。其中, Who代表Who are mentioned? What代表What do they own? How代表How do they feel? Why 代表Why do they feel unhappy?

【设计意图】

阅读是一个处理信息和掌握策略的过程。概括语篇主旨大意的目的在于培养学生概括和提取信息的能力，帮助其了解文章结构，为后续的细节理解做好铺垫。而不同阅读策略和方法的运用提升了学生的学习能力；思维导图帮助学生梳理和整合语篇的信息，有效促进学生对文本的理解、把握和运用，促使学生在课堂互动中思考主题意义，从而培养学生的逻辑性思维能力、概括归纳能力和创新能力。

2. 深入语篇，领悟主题

"深入语篇"旨在创设基于主题意义的应用实践类活动。它是在学习理解类活动的基础上，通过描述与阐释语篇的内容，深入挖掘语篇的文化内涵，让学生内化并运用所学的语言知识，促进思维品质以及语言能力的提升，是帮助学生将知识转化为能力的重要环节。它是前面基于语篇的活动发展的结果，又为后面的拓展活动搭建语言以及文化知识的支架。

（1）描述与阐释，探讨主题

此活动指向教学目标（4）。在while-reading环节，教师引导学生运用careful reading阅读策略，完成下列阅读任务，进一步对主题意义展开探究，在完成任务的过程中演练语篇的句式结构。

Task 1：Read the passage carefully and tell whether the sentences are true or false.

① The king slept badly and didn't feel like eating because he was poor.

② There was something wrong with the king's body.

③ The prime minister had a lot of power，but he was unhappy.

④ The banker was worried that he couldn't make more money.

⑤ The king's general was told to find a famous doctor.

Task 2：Answer the questions with your own opinion.

① Who would be taken into the palace by the king's top general in your opinion?

② What can make you happy?

下面为部分学生的答案：

① It may be a person who is happy / who has a simple and easy life / who is pleased with his life...

② Love，family，gifts，good grades，money，health...

【设计意图】

本活动引导学生深挖语篇的内涵，通过分析人物的特点以及故事的发展过程，同时阐述自己的观点，培养学生分析和推断的能力。本活动引导学生再次讨论"What can make you happy？"这个话题，通过前后部分的不同答案来检验学生对主题意义的领悟程度，引导并帮助学生树立正确的价值观，潜移默化地落实语篇的文化意识目标。

（2）内化与运用，体验主题

该活动指向教学目标（5）。阅读课堂只有提供特别的体验渠道，让学生分享阅读的旅程，保障阅读的体验，才能见证意义的形成。在挖掘文本信息以及掌握语篇句式结构的基础上，学生通过完成下列两项任务，内化并运用语言。

Task 1：Find and use.

Find words or phrases from the story with the meanings similar to these phrases.

① did not want to eat

② was asked to come and help

③ look carefully at

④ becoming less important

⑤ get my job

Make sentences with the phrases you have found.

Task 2：Act the story.

Act in front of the class，you can use the information from the passage.

Characters：the king，the doctor，the prime minister，the king's banker，the palace singer.

【设计意图】

本环节通过角色表演，让学生将所学的语言知识和文化知识进行消化、吸收，进一步体会语篇的主题意义，领悟语篇的主题内涵，对主题意义形成新的认识和感悟，并且促进语言运用的自动化。

3. 超越语篇，拓展主题

"超越语篇"就是"beyond the lines"的活动，即基于主题意义的迁移创新类活动，是从低层次学习向深度学习发展的过程，也是学生思维品质由低阶向高阶发展的过程。该活动重在创设主题语境，引导学生在解决生活实际问题的过程中实现知识的迁移和创新。这样学生就会站在更高层次重新审视语篇的主题内涵，学会学习、学会思维、学会做事，促进知识向能力和素养的转化，促进学习的可持续发展。

（1）分析与评价，深化主题

该活动指向教学目标（6），教师引导学生对语篇的主题进行分析和评价，表达自己的观点。活动形式可以是辩论或讨论。在活动设计中，教师应该把学生自身的生活实际与主题意义进行关联，让学生有话可讲、有情可抒，在情感上产生共鸣，体验不同的生活，丰富人生阅历。该活动帮助学生进一步澄清思想认识中存在的一些疑惑，建构新概念，提高鉴别和评判能力，培养批判性思维能力，这也是布鲁姆认知目标分类中的高阶思维能力。为此，教师在post-reading环节，以问题链的形式引领学生进一步探究和反思"The meaning of happiness"。问题链设计如下：

Q1：What do you think the article wants to tell us?

Q2：What do you think is the happiness?

Q3：If you have trouble，what will you do with it?

学生围绕以上三个问题开动脑筋，与同学展开激烈的讨论，表达自己的不同观点，从而深化了对语篇主题意义的理解。当然，在讨论过程中，教师应该适时参与，引导学生往积极的方向思考，并不断反思自己的生活态度，形成师生、生生互动局面。最后，教师还应该做一些总结，如：

We live in a happy society. Our country is becoming stronger and stronger. I believe our life will become better and better. Everyone must has a positive attitude towards our life. Even though we all have trouble in our daily life，we must fight with it，and study hard for our better future.

【设计意图】

问题链引导学生围绕主题进行讨论并发表自己的观点，旨在让学生运用所学语言知识主动探究，促进学生发散性和批判性思维能力的发展；通过反思自己的生活态度，明白自己的生活是幸福且来之不易的，应当懂得珍惜和感恩，增强社会责任感和时代使命感。教师的点拨可帮助学生树立积极的人生态度和正确的价值观，促进学生思维品质的发展和文化意识的培养。学生正是通过不断反思、修正、实践，最终实现知行合一。

（2）想象与创造，升华主题

该活动指向教学目标（7），旨在促进学生在新的情境下运用新的知识结构，产生新知识。教师在设计此类活动时，应着力创设与主题意义相关的新情境，引导学生展开大胆想象，创造性地解决陌生情境中可能遇到的问题，实现知识和技能的迁移和应用。

由于该故事没有给出明确的结局，在post-reading的最后环节，教师可引导学生想象该故事的结局。小组讨论之后，各小组派代表进行汇报。学生想象的故事结局不尽相同，有的认为国王最后因找不到快乐者压抑而死，有的认为国王最后自己解开心结而快乐地生活下去，有的认为大将军因为没有找来快乐者的衬衫而被国王处死……

【设计意图】

此活动旨在鼓励学生大胆想象，在想象中有效地培养学生创造性思维能力，促进学生思维品质由低阶向高阶发展；通过合作和探究的方式，让学生综合运用所学知识和各项语言技能，实现知识的迁移和创新，促进深度学习。

主题意义引领下的APP阅读教学策略既有利于改变长期以来英语教学中教师"满堂灌"和知识"碎片化"的现象，促使英语课堂充满灵性和活力，又能有效提高学生运用英语分析和解决问题的能力，培养学生的学科核心素养，实现学科育人的根本目标。

参考文献

［1］张凌敏. 基于英语学习活动观的初中英语阅读课教学活动设计——以Unit 5 Section B Reading Beauty in common things教学为例［J］. 英语教师，2018（14）：146–150+154

［2］齐地尔. 基于主题意义的单元整体教学［J］. 中小学外语教学（中学），2019（9）：32–37.

［3］中华人民共和国教育部. 普通高中英语课程标准（2017年版）［M］.

北京：人民教育出版社，2018.

［4］程晓堂. 基于主题意义探究的英语教学理念与实践［J］. 中小学外语教学（中学），2018（10）：1-7.

［5］李祖祥. 主题教学：内涵、策略与实践反思［J］. 中国教育学刊，2012（9）：52-56.

［6］葛炳芳. 英语阅读教学的综合视野：内容、思维和语言［M］. 杭州：浙江大学出版社，2013.

第三节　阅读教学设计案例

教学年级：九年级

课题名称：What Do You Feel Like Watching Today?

教材版本：人民教育出版社九年级英语全一册

授课时间：45分钟

授　课　者：巫伟民

单　　　位：潮州市潮安区金骊中学

课　　　型：阅读课

一、教学背景分析

1. 教材分析

本单元3a-3c是阅读部分。该语篇的主题为"人与自我"中的"生活与学习"，是一篇关于电影喜好的文章，让学生通过了解各种电影类型，感悟和分享电影带来的情感体验。

2. 学情分析

本节课的教学对象为本校九年级学生，他们从小学三年级开始就接触英语，已掌握了一定的语言知识和技能，具备一定的英语会话和自主学习能力。此阶段的初中生有着强烈的求知欲望，乐于参与各种活动，敢想敢做，有着广泛的爱好和远大理想，但他们在对客观事物的认识上存在着偏执性，容易产生偏差，继而引发孤独、压抑等心理障碍。本语篇的主题是"生活与学习"，这一主题与学生的生活实际紧密关联，让他们有话可说、有感可发。学生在教师设置的真实语境中既培养了健康的生活习惯和积极的生活态度，也发展了思维品质、学习能力和语言能力。

二、教学目标设计

该语篇的主题为"人与自我"中的"生活与学习"，教学重点是围绕语篇的主题意义引导学生养成健康的生活习惯和积极的生活态度。因此，笔者把本课的教学目标定位为在语篇主题意义引领下，通过创设真实语境，引导学生围绕"如何调节自己的生活情绪"这一话题进行深入讨论，消除思维中的困惑，培养正确的人生观以及积极的生活态度，提升学生的思维品质和学科核心素养，同时为后面的语言输出搭建支架，帮助学生跨越"最近发展区"，促进学习的可持续发展。

1. 语言能力目标

（1）语法知识：借助微课让学生掌握定语从句关系代词的基本用法。

（2）重点词汇短语：stick, stick to, let sb. down, dialog, ending, documentary, drama, plenty of, shut off, superhero, once in a while.

（3）语用能力：在教师创设的真实语境中，学生通过听、说、读、写、看等方式理解和表达语言，培养综合语言运用能力。

2. 学习能力目标

（1）运用思维导图搭建支架，培养学生筛选、判断和归纳的学习能力。

（2）通过适切的语境，引导学生采用自主、合作的学习方式，积极参与一系列主题意义的探究活动，逐步发展和调适学习策略，培养良好的学习习惯。

3. 思维品质目标

（1）通过思维导图以及搭建语言支架，培养学生的逻辑性思维能力。

（2）通过对"如何调节自己的生活情绪"这一话题的讨论，培养学生的批判性思维能力。

（3）通过读后的写作任务，培养学生的创造性思维能力。

4. 文化意识目标

围绕该语篇的主题意义"培养积极的生活态度"，引导学生科学合理地调节生活和学习中的不良情绪，养成健康的生活习惯，培养积极向上的生活态度，树立正确的人生观和价值观。

三、教学重、难点

1. 教学重点
围绕语篇的主题意义引导学生养成健康的生活习惯和积极的生活态度，从中提升学生的学科核心素养。

2. 教学难点
围绕"如何调节自己的生活情绪"这一主题进行深入讨论，培养学生批判性思维能力的同时，帮助学生树立正确的人生观，培养积极向上的生活态度。

四、教学策略与手段

（1）结合具体学情以及培养目标，在本节课中尝试信息技术与学科教学的融合，以便更好地把语篇中的"情·愫"渗透到教学之中。

① 课前"情·愫"培养准备：挑选学生熟悉的电影片段，制作PPT，录制微课。

② 课中"情·愫"培养实施：通过创设与实际生活紧密关联的语境，让学生在参与过程中培养积极的情感态度。

③ 课后"情·愫"培养延伸：创设延伸性的任务，如写信等，让"情·愫"培养延伸到课余生活当中。

（2）借助表格以及思维导图为后面的语言输出搭建支架，帮助学生跨越"最近发展区"，提升学生的语言能力、思维品质以及学习能力。

五、教学过程设计

Step1 Warming-up
Let's enjoy a song Happy Together first.（Show the song to students.）

【设计意图】

Happy Together这首歌曲的内容紧扣语篇的主题意义"培养积极的生活态度"，教师在课前有意识地让学生欣赏这首歌曲，为读前环节学生对语篇主题意义的感知埋下伏笔。同时，歌曲的播放也提高了学生的学习兴趣，把学生的注意力吸引到课堂教学中。

Step 2 Pre-reading

T：Do you like the song? Let's keep happy every day. Today we'll learn Unit 9 Section A 3a–3c. This lesson we'll learn something about different kinds of movies. Do you like watching movies? Now let's watch a movie（《复仇者联盟3》）first.

T：Do you like the movie? Do you know the name of the movie?

Ss：Yes，the name is the Avengers 3.

T：In what situation do you go to watch a movie?

Ss：...

T：In fact，when you have different feelings，you'll watch different kinds of movies to adjust your emotions. Today we'll learn some kinds of movies. Let's find out what kinds of movies the writer would like to watch when he or she has different feelings.

【设计意图】

在读前环节紧扣语篇的主题，让学生观看熟悉的电影片段，能够激活学生的背景知识。同时，教师在读前设置的问题悬念能激发学生对语篇主题意义的探索热情，提高学生的学习兴趣，帮助学生初步感知文本的主题意义，为后续任务开展做好充分的语言和话题准备。

Step 3 While-reading

1. 借助表格形式，整体感知主题意义

T：Let's find out what kinds of movies the writer would like to watch when he or she has different feelings. I'd like you to look through the text quickly and fill in the forms. It includes kinds，names，information and feelings.

表2-5　Movies and feelings

Kinds	Movie names	Information about the movies	The writer's feelings
Comedy	Men in Black Kung Fu Panda	have funny dialogs, have a happy ending, characters are not perfect but try their best to solve their problems	problems seem less serious, feel much better, a good way to relax
Drama	Titanic	—	feel even sadder
Documentary	March of the Penguins	provide plenty of information about a certain subject	don't want to think too much
Action movie	Spider-Man	an exciting superhero, always saves the world just in time	shut off my brain, sit back and enjoy watching
Scary movie	—	fun, scary	too scared to watch them alone, bring a friend who isn't afraid of this kind of movie

【设计意图】

表格是培养发散性思维能力的有效图形思维工具，具有很强的实用性。它为主题意义探究的可视化呈现提供了有效工具，可以展现主题大意、内容层级、逻辑线索等多个不同层面的信息，重新组成新的模型，帮助大脑处理信息和思考复杂问题。在while-reading环节利用表格形式建构文本信息，旨在帮助学生整体感知语篇的主题意义，从中感悟不同类型的电影给人们带来的不同生活感受，同时引导学生掌握调控不同生活情绪的科学方法，培养良好的生活习惯，树立正确的人生观。梳理、归纳信息的过程培养了学生分析信息、处理信息的学习能力，同时训练了学生的逻辑性思维能力。

2. 扫除语言障碍，再次认知主题意义

（1）观察理解

T：Well done! We've found out the kinds of movies the writer would like to watch when he or she has different feelings. Next, I'd like you to watch a micro class about the use of the attributive clause.

图2-5　定语从句PPT

（2）梳理归纳

T：After learning about the use of the attributive clause，I'd like you to look through the text again and find out the sentences with the attributive clause.

Ss：...

T：Well done！Here I'd like to ask some students to tell me the use of the attributive clause，especially the use of the relative pronouns.

Ss：...

【设计意图】

语言知识是探究主题意义的基础。在读中环节帮助学生扫除语篇中的语言障碍，旨在搭建语言支架，为后面的语言输出积累语言材料。在微课视频中，教师以自己的生活材料为背景，激发学生的探索热情，在真实语境中引导学生观察、理解、梳理和归纳语法知识，培养学生的语言运用能力。此活动的设计不仅有助于学生掌握新的知识点，而且引导学生再次感知语篇的主题意义，同时有助于学生思维品质的培养。

3. 巧设问题情境，深层领悟主题意义

T：Now let's read the text again. Then try to find out the answers to the questions.

Q1：Does the writer stick to only one kind of movie？

Q2：What influences the writer's hobbies to the movies？

Q3：What kinds of movies does the writer prefer to watch when he or she is sad or tired？

Q4：Does the writer like scary movies?

Q5：When does the writer watch scary movies?

Q6：Do you watch different kinds of movies depending on how you feel that day?

Q7：What do you feel like watching today?

【设计意图】

通过问题链的方式引导学生对文本的内涵和主题意义进行抽丝剥茧、由表及里的挖掘，有利于学生逐渐加深对主题意义的认识，同时为后面进一步升华主题搭建内容、语言、意义的支架。学生在寻找和分享信息的过程中，不但能丰富情感体验，领悟不同类型电影给人们带来的不同情感体验，进一步感知语篇的主题意义"培养积极的生活态度"，而且能促进思维品质和语言能力的有效提升。

4. 拓展教材内容，强化主题意义

T：After learning something about the kinds of movies and the writer's hobbies to the movies, I'd like you to have a discussion. The topic is "How to adjust your emotions?" You can discuss with your partners, then I would like you to share your answers. You can finish it according to the mind map.

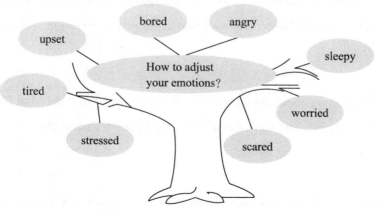

图2-6　Mind map about emotions

T：First，I'll give you an example.

Everyone has different emotions in different situations. When I feel stressed before exam，I always listen to some soft music. If I have time，I will watch cartoons like Kung Fu Panda. When I am sleepy，I often...

T：OK！Time is up. Now I'll ask some students to share your ideas.

…

T：Well done. I think you all do very well in adjusting your emotions. Here I would like you to remember：Wherever you are and whenever it is，you must keep an active life attitude. Happiness is invaluable.

【设计意图】

小组讨论的作用在于"明是非，审治乱，明同异，察名实，处利害，决嫌疑"。讨论活动帮助学生化解生活和学习中可能存在的不良情绪影响，掌握一些科学的调控方法。该活动进一步拓展了语篇内容，强化了语篇的主题意义，培养了学生积极的生活态度，使学生的英语学科核心素养在辩论过程中得到全面的培养。教师在最后环节的点拨帮助学生及时消除生活中不良情绪的消极影响，树立正确的生活观，促进学生的健康成长。

Step 4 Post-reading

T：Just now many students showed their own ideas on how to adjust emotions. Last week，I heard from my friend's son. He told me he had some problems in his life and study. I would like you to give him some good suggestions. Here is part of his letter.

Dear uncle，

I often get angry about some small things，I feel sleepy in class. And I am always stressed before exam，so I can't sleep well. I don't know what to do.

Yours，

Tom

T：Now I'd like you to help my friend's son. Can you give him some good suggestions？Please write a letter to him.

…

【设计意图】

拓展活动的设置，既紧扣语篇主题意义，又实现了主题意义探究的迁移创新。学生通过"做中学，学中做"，内化语言知识的运用，在真实情景中体验学习英语的乐趣。这样的活动不仅能激发学生运用英语进行表达的热情，而且使"做人与做事"的主题探究更具有现实意义。

Step 5 Summary

（1）What have you learned in this lesson?

（2）What are you interested in?

（3） Do you have other questions?

Step 6 Homework

Correct your letters again，then hand it in tomorrow. I'll pick out some good suggestions you give and then send them to Tom.

六、板书设计

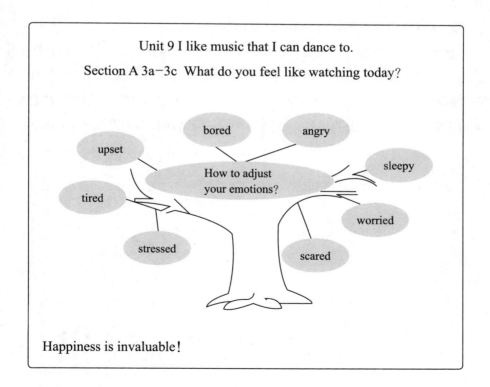

七、教学反思

在本节课中，教师注重对学生文化意识的培养，把对学生"情·愫"的培养渗透到简单的语篇教学之中，大大激发了学生的学习热情，实现了预期的教学目标。

1. 实现主题意义引领下的"情·愫"培养

本节课主要讲述电影的类型以及一些电影名称，同时介绍了作者在不同的情境下喜欢的电影类型。但授课教师不拘泥于教学内容，在核心素养培养的视角下，深度发掘语篇的主题意义，在课堂教学中紧紧围绕语篇的主题意义，培养学生积极的人生态度；开展一系列教学活动，让学生在真实语境中感悟语篇隐含的"情·愫"理念。例如，微课中教师通过真实的生活照片培养学生的语言应用能力，同时提高学生的学习兴趣；通过朋友儿子遇到的难题，培养学生解决问题的能力；通过讨论活动，消除学生在生活中的不良情绪影响。这一系列的活动培养了学生良好的生活习惯以及积极的人生观。

2. 学科核心素养在教学中得到全面落实

教师在教学中通过创设真实语境培养学生的逻辑性、批判性和创造性思维能力。在合作探究中，学生的语言理解和应用能力得到了提升；在梳理归纳知识的过程中，学生的学习能力得到了培养。而主题意义引领下的语篇教学更是突出了对学生文化意识的培养，学生的"情·愫"在教学中得以充分的提升。

第七章
复习教学

单元复习课是初中英语单元教学中必不可少的重要组成部分，是整个单元教学的最后一个环节。高效的复习课能提高单元教学的质量，还能弥补教师在单元教学中的欠缺，达到事半功倍的效果，同时达成知识、能力、素养的融合统一。在初中英语单元复习教学中，教师应该以单元的主题意义为统领，从学生的实际需要出发，设计具有综合性、关联性和实践性的主题探究活动，帮助学生在复习单元语言知识的同时，进一步提高语用能力和语言技能，培养思维品质，提升文化内涵，实现英语学科核心素养的全面发展，落实立德树人的根本任务。

第一节 概 论

在初中英语单元复习教学中，教师应该把学生对主题意义的探究作为学习语言的重要内容，调动学生已有的基于单元主题的经验，帮助学生查漏补缺，温故而知新，学会举一反三，融会贯通，让学生在完善知识结构的活动中进一步整合单元的语言知识，发展语言技能，提升综合语言应用能力和鉴别能力，促进高阶思维的发展。通过主题意义探究活动，学生能进一步提升文化意识，完善自己的世界观、人生观和价值观，推动对单元主题的深度学习，在提高单元复习教学实效性的同时，提升自身的英语学科素养。

笔者在调查研究中发现，在现行初中英语单元复习教学中还存在着诸多不尽如人意的地方，主要表现在：有的教师缺乏单元整体教学的意识，在复习教学中按部就班，依照单元文本的顺序重复、简单地把学过的知识点罗列出来，学生在一大片知识海洋中茫然无措，毫无头绪，无法建构系统的知识体系，这种"炒冷饭"的复习教学呈现碎片化、低阶化的现象；有的教师忽视学生的主体性地位，以强灌式教学代替学生的自主学习，通过题海战术、死记硬背等教学方式代替学生的实践探究活动，这样的复习教学方式呈现功利化的现象，学生无法体验探究情境的乐趣，学习积极性得不到调动；有的教师的单元复习教学过于浅层化，不能通过层层递进的主题语境，引导学生将获得的知识、技能和情感运用到实际生活中，无法达成知识的迁移创新。

鉴于以上问题，笔者在实践研究中发现，在初中英语单元复习教学中，以单元的主题意义为统领，以单元教学内容为载体，创设互相关联又层层递进的主题复习探究任务，从而实现知识、能力、素养的有机统一，不失为一种有效的单元复习教学方式。

一、主题式单元复习课的内涵

主题是指作者（或说话者）通过文本传递的主要内容，为学科育人提供话题和语境，也为语言学习提供范围和语境。主题意义是指主题呈现的核心思想或深层含义，往往与文化内涵和情感、态度、价值观相关。对主题意义的探究直接影响学生对语篇的理解程度、学生的思维发展水平和语言学习成效。基于主题意义探究的课堂教学，就是围绕一定的主题设计课程教学的目标、内容和活动。人教版（Go for it）英语教材的编写理念与《新课标》提出的"结合具体主题在特定语境下开展综合性语言实践活动"教学建议相吻合。该教材按照"话题—功能—结构—语言目标"的理念进行编写，以单元主题为引领，以相关联的语言目标为探究情境，辅以语言功能和结构项目，旨在培养学生的综合语言运用能力。因此，在初中英语单元复习教学中，教师应该以单元的主题意义为统领，从学生的实际需要出发，设计具有综合性、关联性和实践性的主题探究活动，帮助学生在复习单元语言知识的同时，进一步提高语用能力和语言技能，培养思维品质，提升文化内涵，实现英语学科核心素养的全面发展，落实立德树人的根本任务。

基于主题意义的初中英语单元复习课不是简单的知识再现，也不是零散的任务组合，而是在单元主题意义的引领下，引导学生通过回忆、思考、提炼、整理、归纳、总结、完善等探究活动进一步感悟单元的主题意义，梳理和巩固单元的语言知识，对知识点进行查漏补缺，将知识完全掌握，达到熟练应用，并多方位发展语言技能，发展思维能力，提高语用能力，进一步促进心智、情感等方面的发展，实现知识向能力，能力向素养的转化，真正体现学科的育人价值。

二、主题式单元复习课的设计原则

1. 系统性

单元复习课的教学方式与新授课的教学方式有着明显的区别，教师应该引导学生在单元主题意义的引领下，突破各语篇、各板块之间的限制，细致梳理关联单元主题的语言知识和内容结构，理清整个单元中各个知识点的纵横联系，找到知识的融合点，通过对比、辨析、归纳，把学过的知识整合起来，形成系统化的知识网络，避免出现碎片化、孤立化的复习现象。学生根据知识网络找到自己单元学习中的缺失和不足，从而有的放矢地进行查漏补缺，进一步领悟单元所承载的真实意义，挖掘语篇隐含的育人价值。

2. 主体性

美国心理学家、教育学家杰罗姆·布鲁纳认为："知识的获得是一个主动的过程，学习者不是信息的被动的接受者，而应该是知识获得过程的主动参与者。"每个学生都是一个独立的个体，是不以他人的意志为转移的客观存在。《义务教育英语课程标准（2011年版）》指出：教师应充分了解所有学生的现有英语水平和发展需求，选择适当的教学方式和方法，把握学习难度，调动所有学生的积极性。在单元复习教学中，学生对已学过的知识都有一定程度的了解，教师应当相信学生，尊重学生，大胆地把复习的主动权交给学生，为学生提供一个比较大的自主思考、自主合作和自主对话的空间，让学生有一个自由开放、展现个性的发展机会，充分调动学生的学习积极性和主动性；让学生在再次走进教材的探究活动中感知、观察、分析、思考，通过自我梳理、自我消化、自我升华，逐步拓展教材内容，增强知识学习的广度和深度，并从新的角度整理知识点，发现并解决新问题，培养学生主动参与、合作和创新的意识，培养学生的情感、态度和学习能力，有效提高单元复习教学的效率。

3. 递进性

美国教育心理学家加涅认为，任何一个学习过程都是有层次的，由简单到复杂，由低级到高级排列而成，高一级的学习必须以低一级的学习为先决条件。教师在设计单元复习任务时，要依据学生的认知规律和实际水平，结合单元的主题以及教学内容，围绕单元主题意义搭建能很好体现学生的认知过程、思维过程、活动过程和情感发掘过程的任务支架，帮助学生由浅及深、层层递进地沿着知识的台阶慢慢攀登，在形成一定的知识和能力网络的基础上，逐步跨越"最近发展区"，增强学习的自我效能感。

4. 真实性

《新课标》指出：教师要改变碎片化、脱离语境的教授知识点的教学方式，让学生认识到学习语言的目的，在真实语境中运用所学知识理解意义，传递信息，表达个人情感和观点，比较和鉴别不同的文化和价值观。真实的情境能激活学生的思维，触动学生的情感，引发学生思考和交流的欲望。因此，在基于主题意义的初中英语单元复习教学中，教师应该多利用社会热点和学生身边的真人真事，以单元的主题意义为引领，设计紧密联系学生生活实际的真实主题语境，引导学生在真实情景中复习和运用单元的语言知识，让语言学习从"用"中来，到"用"中去。身临其境的语言学习活动能激发学生的学习兴趣和学习热情，鼓励他们更加积极地参与到单元复习教学中来，避免传统单元复习课"要我学"的被动局面。

5. 迁移性

《新课标》指出，不论采用什么方式组织活动教学，都应体现出基于语篇的学习理解类活动，深入语篇的运用实践类活动，超越语篇的迁移创新类活动。美国教育心理学家奥苏伯尔曾提出认知结构迁移理论，认为任何有意义的学习都是在原有学习的基础上进行的，有意义的学习中一定有迁移。原有认知结构的清晰性、稳定性、概括性、包容性、连贯性和可辨别性等特性都始终影响着新的学习的获得与保持。因此，在初中英语单元复习教学中，教师应该有意识地精选、编排复习内容，合理安排教学程序，尽量创设贴近现实生活的真实语境，让学生将已经获得的知识、技能、情感和态度运用到复习中来，激发强烈的学习动机和学习热情；学生通过对比、分析、总结、概括等认知活动，对相关知识进行归纳总结，完善已有的认知结构，在头脑中形成有较强逻辑关系的系统性知识网络，使思维始终处于主动积极、探索进取的状态，推动更高层次的再学习，促进学习的积极迁移，提高复习效果。

第二节　主题式单元复习课的实践路径

　　单元的主题意义是单元教学活动的灵魂，一切教学活动都必须围绕主题意义而展开。教师设计单元复习课时，要明确复习课不是对学生学过的知识进行简单的"炒冷饭"，而应是以单元主题意义为引领，以单元复习目标为总导向，通过创设环环相扣、层层递进的探究活动，引导学生梳理、整合单元的重要语言知识点，实现知识的有效迁移，促成知识向能力，能力向素养的转化，落实立德树人根本任务，确保单元复习课的有效性和价值性。

　　下面，笔者以八年级下册英语教材Unit 2 I'll help to clean up the city parks为例，阐述如何基于主题意义开展有效的单元复习教学。

一、制定复习目标，确保融合统一

　　《新课标》指出，单元是承载主题意义的基本单位，单元教学目标是总体教学目标的有效组成部分。单元教学目标要以发展英语学科核心素养为宗旨，围绕主题引领的学习活动进行整体设计。

　　教师在设计单元复习目标时，首先要综合整理、系统归类本单元所教过的知识点，找出知识的重点、难点以及学生的易混易错点，同时切实了解学生的实际情况，包括知识与技能，过程与方法，情感、态度和价值观，在此基础上对复习内容进行系统分析，明确复习的目的和要求，比如哪些知识可以一带而过，哪些知识需要重点复习，哪些能力和价值观需要重点培养，最后考虑复习的方法方式，从而制定出一个切实可行的复习目标。复习目标既要突出基础知识，突出知识的重点和学生的弱点，又要确保学生语言能力、文化意识、思维品质和学习能力的同步提升；既要面向全体学生，又要兼顾学生的个体差异；

既要确保共同进步，又要满足个性发展。

1. 复习内容分析

本单元的主题为"Offer help"，属于"人与社会"下面的主题群"社会服务与人际沟通"。本单元主要包含三个板块：第一个板块为Section A 1a-2d，第二个板块为 Section A 3a-4c，第三个板块为 Section B。三个板块的内容既相互关联又各有侧重，第一个板块通过听说活动，呈现不同援助方式的英语表达；第二个板块通过阅读，强化学生对单元主题内容及语言项目的理解；第三个板块除了进一步强化单元的语言知识外，通过小狗Lucy的故事，引导学生讨论关心帮助残疾人的不同办法和手段，从而鼓励学生向社会施以爱心。本单元的复习重点为梳理、巩固单元的语言知识，包括"助人"的相关句式以及语法结构——动词不定式的用法，进一步提高学生的语用能力，深化"关爱及援助"的价值和意义，渗透人文关怀和道德观念的培养，发展学生的学科素养。

2. 学情分析

八年级学生是由少年向青年初期发展过渡的重要阶段，此时期的学生自尊心、自信心、好胜心增强，具有独立意向，自主、自立意识提高，但喜欢凭感情行事，喜欢标新立异。在本单元新授课结束时，学生对单元的主题意义已经有了一定的了解，基本掌握了相关语言知识和语言技能，也认识到助人为乐是中华民族的传统美德，初步形成了正确的人生观和价值观。但大部分学生对单元主题意义的理解还主要停留在语篇的相关语境当中，不能在新语境中灵活运用本单元的核心语言知识，逻辑性、创造性不强，对助人为乐的传统美德还停留在认识的程度上，不能做到知行合一。

3. 单元复习教学目标的制定

单元复习教学目标是单元复习教学设计的核心，既要明确教什么，又要明确教到什么程度，还要明确为什么教。为此，笔者以巩固知识、发展技能、提高素养为复习目的，制定了本单元的复习目标：

（1）借助思维导图，梳理并巩固单元主题相关的语言知识，搭建探究主题意义的语言材料支架。

（2）在真实语境中运用单元语言知识，探究助人的价值和意义，同时发展听、说、读、写、看的语言技能，深化单元的主题意义，为撤除支架，搭建新的舞台做好准备。

（3）运用单元语言知识在新的生活场景中解决实际问题，升华单元的主题意义，跨越"最近发展区"，实现知识的迁移和创造。

【设计意图】

围绕单元主题意义设计复习目标，旨在有效整合单元的复习内容，避免出现传统复习教学中碎片化、孤立化的现象。复习总目标的设计由易到难、层层递进，呈现螺旋式上升的过程，体现了英语学习活动观下学习理解—实践应用—迁移创新的递进性探究过程，指向学生综合语言能力和学科素养的融合发展。

二、借力思维导图，整合语言知识

《新课标》指出，教师要善于利用多种工具和手段，如思维导图或信息结构图，引导学生通过自主与合作相结合的方式，完成对信息的获取和梳理、概括与整合、内化与运用，教会学生在零散的信息和新旧知识之间建立关联，归纳和提炼基于主题的新知识结构。作为一种图式工具，思维导图可以把人脑中的隐性知识显性化，以图的直观性特征对当前所学新内容加以定向与引导，使学习者看到概念之间的关系，并能够从与新知识的实质性联系中或者从与新知识相关的属性中找到同化，吸收当前新知识的固着点，从而促进新知识与现有知识结构的整合，实现新知识的内化和意义建构。在初中英语单元复习教学中，教师要引导学生借助思维导图，将与单元主题相关联的单词、短语、句式以及语法知识有机整合在一起，建立起知识点间的联系，使知识条理化、系统化、网络化。这样，学生借助清晰、直观、概括的思维导图，就能快速梳理、巩固单元重要的语言知识，避免传统单元复习课碎片化的现象发生。借助思维导图，学生还能快速找出自己的知识漏洞并加以弥补，为后面的知识迁移搭建语言材料支架，大幅度提高复习的效率。在梳理思维导图语言知识的过程中，学生的自主合作探究能力得以培养，同时学生的逻辑性思维能力，以及学习的主动性和积极性得以提高。

依据单元的主题意义以及复习目标，笔者引导学生对本单元的语言知识进行梳理、提炼、加工，设计了下列思维导图（图2-7）。

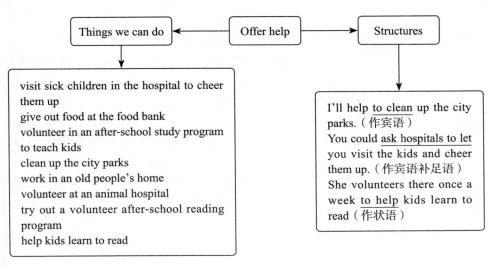

图2-7　Offer help单元思维导图

【设计意图】

思维导图围绕单元的主题 "Offer help" 设计了两部分内容：第一部分为"助人"的句式，里面包含了单元的重点单词以及短语；第二部分为单元的语法结构——动词不定式作宾语、宾语补足语以及状语。学生在完成思维导图的过程中，能够培养逻辑性思维能力。通过提供系统性、直观性、目的性的知识结构图，学生能够快速、系统地复习与主题相关联的语言知识，查漏补缺，为下一环节发展语言技能以及知识迁移搭建语言材料支架。

三、创设生活语境，实现迁移创造

《新课标》指出，教师在教学中要基于学生现有的生活经验、学习兴趣和语言水平，引导他们积极主动地参与到对主题意义的探究活动中来。人教版（Go for it）英语教材以单元的话题为主线，采用任务型的语言教学模式，旨在引导学生通过完成相关联的语言探究任务，实现在生活场景中用英语做事的目的。在单元复习课的语境的创设中，教师要紧紧围绕单元的主题意义，考虑学生的具体学情，链接学生的真实生活，为每一个学生积极参与活动提供广阔的探究空间，充分发挥学生的积极性和主动性，让学生形成探索和创新的积极态度，将知识迁移到真实的语境中，创造性地解决生活中的问题，跨越"最近发展区"，实现英语学习的实用性和价值性。探究生活场景也锻炼和强化了学生思考、综合加工、拓展等高阶思维能力，确保核心素养四个维度的融合贯通。

结合本单元的复习目标2和目标3，笔者围绕单元的主题意义"Offer help"为学生设计了下列具有递进性、真实性和迁移性的主题语境。

语境1：Listening

Listen to a report about our school volunteer team. Then fill in the form.

表2-6　Our school volunteer team

Our School Volunteer Team	
Why they went to help the traffic police?	Because they wanted to help _____.
Why were there many people and vehicles ? When did they get there?	Because it was _____.
What did they do there?	They helped _____ cross the street and stopped the people who _____. They also _____ to teach people to obey the traffic rules.
How did they feel?	They felt _____.

Listening materials：

In order to help keep the traffic in good order, last weekend, our school volunteer team went to the center of our town to help the traffic police. When we got there, it was just the rush hour. There were many people and vehicles crossing the street. We helped lead the people cross the street safely. We also stopped the people who wanted to go through the red lights. We also gave out the leaflet to teach people to obey the traffic rules. Although we were tired, we felt very happy to help others.

【设计意图】

听力材料以学校志愿者服务队周末的一次活动场景作为探究语境。熟悉的语境让学生近距离感受助人的魅力，激发学生进一步探究和参与主题活动的热情，有助于发展学生的听力技能，同时促进学生运用和巩固相关联的语言知识。

语境2：Watching

Watch a video about the People's Wellbeing Volunteer Association in Chaozhou. Then answer the following questions：

Where are the volunteers from and what kinds of people are they?

What do they often do on weekends?

Why do they do these?

【设计意图】

熟悉的生活情境让学生能置身其中，引发情感共鸣，激发参与活动探究的热情。语境2通过引导学生观看《潮州民生志愿者协会》这一栏目的视频片段，培养学生看、听、说的语言技能，并且让学生在探究活动中迸发思维的火花，唤起参与助人活动的动机，为知识的迁移和创造搭建场景框架。

语境3：Discussing

Helping others is a good tradition in China. But we can sometimes find some bad things happening. For example, a boy helped a man up who had fallen down, But the man asked for compensation instead of thanking him. What do you think of it? What will you do if you meet the same thing?

教师基于讨论话题，组织学生运用单元语言知识发表自己的观点，实现知识的迁移和再创造。在此过程中，教师应做一名合格的旁听者，不要急于发表自己的观点，只有当学生的回答出现障碍或者偏离方向时，才加以引导、修正。下面为部分学生的观点汇总：

Though the boy in the story was blackmailed, after all, it is only a small part in our life. In our modern society, helping others is still a good tradition. We must spread it to more people. I will help others if I meet the same thing. I believe the social justice is alive forever.

【设计意图】

问题讨论增加了主题语境的探究难度，借用身边的热门话题让学生有身临其境的感觉。通过真实性问题情境的讨论，学生不仅复习、运用了本单元的语言知识，包括重点短语以及语法知识，而且能够激起深层的思考，培养批判性思维能力以及合作学习的能力，发展说的技能，树立正确的价值观。

语境4：Writing

Chaozhou is making a State Civilization and Sanitation City. As a middle school student, what could you do for Chaozhou? What would you like to say to the people in Chaozhou?

文明城市全民共建，美好家园你我共享

图2-8　潮州"创文"和"创卫"宣传图片

【设计意图】

　　真实性的写作场景能激发学生的学习积极性和主动性，让他们有话可说、有感可发，深度领悟单元主题意义，学会自主、合作、创新的学习方式，最终实现知识的迁移和创造，实现撤除支架之后，能够内化语言，活用语言，跨越"最近发展区"的复习目标。

四、实践思考

1. 紧扣主题意义，避免"如坠烟海"

　　教师不能把单元复习课简单处理为知识的再现或机械重复，应该紧扣单元的主题意义，帮助学生从整体上复习巩固语言知识，避免单元知识点在学生脑海中呈现"一盘沙"的现象，同时在复习的过程中实现核心素养四个维度的融合贯通。

2. 联系生活场景，避免"旧地重游"

　　复习课不同于新授课，也不同于练习课，它的基本任务是整理知识，形成系统化、条理化的知识网络，需要教师整体规划与设计，打破语篇和板块的限制，避免出现"炒冷饭"现象。教师在设计语境时，要有意识地在单元主题意义的引领下，寻找学生熟悉的又不同于新授课的生活场景作为新的复习语境，让学生在复习时也有新鲜感，避免"旧地重游"，从而以一种积极的心态投入复习中。在新语境中重温旧知识有助于学生进一步巩固单元知识，拓宽他们的认知视野，点燃他们的思维火花，从而进一步活化单元的语言知识，实现知识的生活化，避免课堂出现沉闷的气氛。

3. 激活语用形式，避免"索然无味"

在复习教学中，教师要避免传统的"复习语法—背诵规律—强化训练"的机械性教学方式，应该根据具体学情以及单元总复习目标，设计环环相扣、层层深入的任务链，通过启发、点拨、合作、运用等不同教学方式，激发学生的学习兴趣和探究热情，让学生在不同的语境中提高语用能力，发展听、说、读、写、看等各种语言技能，达成融语言知识、学习能力、思维品质和文化意识为一体的培养目标，确保单元复习课成为学生期待的"学习新阵地"。

在基于主题意义的初中英语单元复习教学中，教师只有相信学生，大胆放手，敢于创新，灵活运用各种教学方法，才能有效帮助学生自主建立知识之间的联结，查漏补缺，及时弥补新课学习中的不足，在整合、巩固并运用单元的语言知识的过程中，全面发展各项语言技能，提高学习能力和思维品质，全面落实英语学科的育人价值。

参考文献

［1］中华人民共和国教育部. 普通高中英语课程标准（2017年版）［M］.
　　　北京：人民教育出版社，2018.

［2］陈新忠. 高中英语教学中语篇的主题与主题意义［J］. 英语学习，
　　　2018（11）：8-10.

［3］程晓堂. 基于主题意义探究的英语教学理念与实践［J］. 中小学外语
　　　教学（中学），2018（10）：1-7.

［4］中华人民共和国教育部. 义务教育英语课程标准（2011年版）［M］.
　　　北京：北京师范大学出版社，2012.

［5］温培培. 基于主题语境的初中英语单元复习课教学实践［J］. 中小学
　　　外语教学（中学），2020（2）：28-33.

［6］杨凡虹. 2021. 基于手绘思维导图运用的初中英语阅读教学模式研究
　　　［J］. 教学月刊·中学版（外语教学），2021（3）：36-40.

第
三
篇

主题意义引领下的
拓展延伸

>>语用的得体必须考虑学生所处的语境，必须以主题意义为统领。人教版英语教材内容丰富，题材广泛，涉及多个话题，教材中每个单元以话题为单位进行编排。在《新课标》指导下，教师要围绕话题合理整合教材，挖掘资源内涵，制定指向核心素养的整体教学目标，避免脱离主题或碎片化的呈现方式，在此基础上对话题进行拓展和延伸，升华主题意义，确保核心素养的深度培养。

第八章
小初英语的衔接

　　小初英语教学衔接是核心素养视角下英语教学中一个值得关注的热点。近为考试，远为终身，作为一名英语教师，应该用心研究，处理好小初英语教学衔接的问题，保证英语课程的整体性和持续性，保证学生发展的渐进性和持续性，推动和促进英语教与学的和谐发展和学科素养的有效培养，让学生快乐地学习，健康地成长，提高和达成初中学生学科素养的培养目标，即语言能力、学习能力、思维品质和文化意识等方面得到有效进阶。

第一节　概　论

目前，我国大多数学校从小学三年级就开设英语课程了，有些地区甚至从更早年级就开设英语课。但纵观笔者所在学校七年级学生，他们的英语水平出现严重的两极分化现象：有些学生虽然整整学习了四个年度的英语，但英语基础薄弱，水平几乎呈现"零起点"状态，而且对英语学习也提不起兴趣。与此形成鲜明对比的是，有些学生英语学习基础好，有的几乎达到了七年级下学期甚至是八年级上学期的英语水平了，这导致他们在面对七年级上学期"几乎重复"的知识时，容易产生骄傲自满的情绪，出现上课漫不经心等不良现象。因此，做好小学与初中的英语衔接，确保这些基础参差不齐的学生养成和保持浓厚的学习兴趣，尽早适应初中英语教学，进而促进英语学科素养的进阶培养，其难度是可想而知的。

在对本地区中小学英语教学现状进行调查研究后笔者发现：虽然目前总体英语教学质量有了明显的提高，但小学与初中的衔接问题仍然是困扰英语教学和英语教师的一大难题。因此，在核心素养视角下，针对小初学段英语衔接中学科素养进阶培养展开探索与实践，确保英语教学的整体性和持续性，对全面落实立德树人根本任务具有很大的现实意义。

一、存在问题及原因

小初英语如何有效衔接一直以来都是困扰许多英语教师的难题。在核心素养视角下，如何做好小学与初中的衔接，促进英语学科素养的有效培养，更是亟待我们解决的问题。笔者为此进行了以"核心素养视角下小初英语有效衔接的实践研究"为主题的专项课题研究，带领课题组深入潮安区各个小学及初中进行调研，通过调查问卷、座谈、听评课等形式，努力寻找小初衔接中存在的问题及其原因，力求探索适切的解决办法，促进小初英语衔接中学科核心素养的进阶培养。下面为笔者在调研中发现的小初英语衔接中学科核心素养培养存在的问题及其原因。

1. 部分教师专业不扎实

虽然近几年各地政府非常重视小学英语教师转岗的培训并且取得了明显的效果，但在某些地区的小学，由于专业的英语教师严重不足，部分小学生的英语启蒙老师都是非英语专业的教师，他们说着蹩脚的英语，致使学生张不开口，并且他们没有掌握系统的英语教学方法，课堂教学以考试为目标，一切教学活动都围绕考试的题型及内容进行，课堂上只是让学生死记硬背生词及句型，同时配套大量的练习。此外，现在初中阶段英语教师队伍中的新生力量基本都是专业的英语教师，他们的基本功也很扎实。但由于历史遗留的问题，部分初中英语老教师甚至中年教师也是非专业转岗过来的，他们的英语教学经常出现照本宣科以及题海战术的现象，学科素养的培养在他们的教学中形同虚设。

2. 小初教学目标不一致

小学英语以快乐学习、寓教于乐和激发兴趣为教学目标，在教学设计中，更多的是关注学生兴趣的培养。所以，在观摩小学英语公开课的时候我们经常能看到小学英语课堂"手舞足蹈、喜气洋洋"的热闹场景。小学英语学习的主要方式就是从游戏、唱歌等趣味场景中感知语言，教师在教学中不重视学习策略、反思以及良好学习习惯的培养。在课堂上，教师鼓励学生模仿、模仿再模仿，重复、重复再重复，熟练、熟练再熟练。许多教师经常以歌曲或顺口溜的形式让学生重复课文内容。而初中阶段以培养学生的综合语言能力为目标。在实施不同教学目标的过程中，小初英语如何实现"无缝对接"是初中英语教师经常遇到的难题。

3. 小初对接口不兼容

笔者在调查中发现，由于小学与初中英语培养目标的不同以及部分教师对学科素养的培养意识不强，学生升入初中后英语学习的对接口出现不能兼容的现象，学科核心素养也难以得到有效的进阶培养。小学阶段的英语教学以培养学生的兴趣为主，教师经常以游戏、歌曲等形式进行机械性操练，这样的教学忽视了学生良好学习习惯、学习策略以及初步思维能力的培养，课堂教学也往往出现"只见其表不见其里"的现象，不能挖掘教材的文化内涵，而不扎实的基本功也容易导致学生的语言能力不能得到很好的培养。初中阶段的英语教学要求全面提升学生的学科素养，这样就出现小初英语不能很好地衔接，对接口经常出现冲突的现象。

二、小初英语学科素养进阶培养的理论依据及策略

1. 学科素养进阶培养的理论依据

初中《课标》明确指出：英语学习具有明显的渐进性和持续性特点，《义务教育英语课程标准》和与之相衔接的《普通高中英语课程标准》将基础教育阶段英语课程的目标设为九个级别，旨在体现小学、初中和高中各学段课程的有机衔接和各学段学生英语语言能力循序渐进的发展特点，保证英语课程的整体性、渐进性和持续性。由此可见，初中英语教师首先应该认真研读初中《课标》，充分了解其对于语言知识、语言技能、情感态度、学习策略和文化意识等五个方面课程设计的总目标和分级目标；其次应加强教研交流，熟悉不同学段教材的内容，综合分析各个话题及语言知识之间的有机衔接点；最后应结合不同年龄阶段学生的心理特点，系统制订教学计划，确保小初英语学科素养有机进阶以及小初英语教学的整体性和持续性。

2. 学科素养进阶培养的策略

在初中英语教学中，初中英语教师首先应该了解教学内容所涉及的具体话题并找出小学教材中相近话题的内容，促使小初知识点得到有机衔接，保证英语课程的整体性和持续性；然后在小学已形成的学科素养基础上，并在语篇主题意义引领下，提高和达成初中学生学科素养的培养目标，即语言能力、学习能力、思维品质和文化意识等方面的有效进阶，保证学生发展的渐进性和持续性。

（1）有机对接话题，做好知识上的有效衔接

在研读人教版小学（三年级起点）和初中英语教材（Go for it）之后我们不难发现，人教版小学和初中英语教材每一个单元都围绕"话题—功能—结构—

任务"的理念进行编写，它们的话题内容实际上存在着许多相近之处。因此，初中英语教师应系统、全面整合小初的英语教材，把小学与初中英语教材中的相近话题进行有机对接，做好知识上的衔接，确保英语教学内容的延续性和实效性。

下面笔者以人教版小学五、六年级和初中的英语教材为例，列举小学与初中英语教材相近话题的有机对接（表3-1）。

表3-1　小初英语教材话题对接表

人教版小学五、六年级英语教材 （三年级起点）	人教版初中英语教材 （Go for it）	对接话题
五年上 Unit 1 What's he like?	七年下 Unit 9 What does he look like?	外貌
五年上 Unit 2 My week	七年上 Unit9 My favorite subject is science	课程安排
五年上 Unit 3 What would you like?	七年下 Unit 10 I'd like some noodles	饮食爱好
五年上 Unit 4 What can you do?	七年下 Unit 1 Can you play the guitar?	业余才艺
五年上 Unit 5 There is a big bed Unit 6 In a nature park	七年下 Unit 8 Is there a post office here?	There be 结构
五年下 Unit 1 My day	七年下 Unit 2 What time do you usually go to school?	日常生活
五年下 Unit 2 My favorite season	七年上 Unit 9 My favorite subject is science	个人爱好
五年下 Unit 3 My school calendar Unit 4 When is Easter?	七年上 Unit 8 When is your birthday?	日期的表达
五年下 Unit 5 Whose dog is it?	七年上 Unit 3 Is this your pencil?	物品的主人
五年下 Unit 6 Work quietly!	七年下 Unit 6 I'm watching TV	描述正在发生的事
六年上 Unit 1 How can I get there? Unit 2 Ways to go to school	七年下 Unit 3 How do you get to school?	交通方式
六年上 Unit 3 My weekend plan	八年上 Unit 6 I'm going to study computer science	描述未来之事
六年上 Unit 4 I have a pen pal	七年下 Unit 1 Can you play the guitar?	爱好

续 表

人教版小学五、六年级英语教材 （三年级起点）	人教版初中英语教材 （Go for it）	对接话题
六年上Unit 5 What does he do?	八年上Unit 6 I'm going to study computer science	职业介绍
六年上Unit 6 How do you feel?	八年下Unit 1 What's the matter?	疾病
六年下Unit 1 How tall are you?	八年上Unit 3 I'm more outgoing than my sister	比较等级
六年下Unit 2 Last weekend Unit 3 Where did you go?	七年下Unit 12 What did you do last weekend?	描述过去 之事
六年下Unit 4 Then and now	九年级 Unit 4 I used to be afraid of the dark	过去与现在 的变化

（2）整合培养目标，促进四大素养的有效进阶

初中《课标》以培养学生的综合语言能力为目标，根据语言学习的规律和义务教育阶段学生的发展需求，从语言知识、语言技能、情感态度、学习策略和文化意识等五个方面设计课程总目标和分级目标。

《新课标》明确指出："英语学科核心素养主要包括语言能力、文化意识、思维品质和学习能力。"《新课标》同时规定了核心素养四大要素各自的具体目标：语言能力的培养目标为具有一定的语言意识和英语语感，在常见的具体语境中整合性运用已有语言知识，有效地使用口语和书面语表达意义和进行人际交流；学习能力的培养目标为进一步树立正确的英语学习观，保持对英语学习的兴趣，选择恰当的策略与方法，逐步提高使用英语学习其他学科知识的意识和能力；思维品质的培养目标为正确评判各种思想观点，创造性地表达自己的观点；文化意识的培养目标为获得文化知识，比较文化异同，形成自尊、自信、自强的良好品格。

综合初中《课标》以及《新课标》对核心素养的具体培养目标，笔者把小初英语的教学目标与核心素养四大要素进行整合，使学生英语学科素养的培养有了持续性和渐进性，最终促进学科素养得到有效的进阶。下面为笔者整合完成的小初英语学科素养进阶表（表3-2）。

表3-2　小初英语学科素养进阶表

学科素养	二级培养目标（小学阶段）	三、四级培养目标（七、八年级阶段）
语言能力	能用简单的英语互致问候，交流有关个人、家庭和朋友的简单信息，并能就日常生活话题做简短叙述	能听懂有关熟悉话题的语段和简短的故事，能与教师或同学就熟悉的话题交换信息，能读懂小故事及其他文体的简单书面材料
学习能力	初步形成对英语的感知能力和良好的学习习惯，对继续学习英语有兴趣	能运用适当的学习方法，克服学习中遇到的困难，对英语学习表现出积极性和自信心
思维品质	能在图片的帮助下听懂、读懂并讲述简单的故事，能在老师的帮助下表演小故事或小短剧，演唱简单的英语歌曲和歌谣	能从口头和书面材料中提取信息、扩展知识、解决简单的问题并描述结果
文化意识	乐于了解外国文化和习惯	能意识到语言交际中存在的文化差异

第二节　学科素养的有效进阶培养

在小学和初中英语教学中，教师应该以话题为教学主线，以核心素养为培养目标，把小学和初中相近话题的教学内容进行有机衔接，在小学已形成的学科素养基础上，以主题意义为引领，对学生的语言能力、学习能力、思维品质和文化意识进行有机进阶，保证英语课程的整体性和持续性。下面笔者以"Jobs"这一话题为例，谈谈小初英语教师应如何有机衔接英语教材，从而促进学科素养得以有机的进阶。

关于"Jobs"的话题，在人教版小学和初中的英语教材中都能找到它的身影。人教版六年级上册英语教材Unit 5 What does he do? 与八年级上册英语教材Unit 6 I'm going to study computer science都涉及职业的话题以及梦想中的职业。笔者所在课题组就以"Jobs"这一话题开展实验，首先选取这两个单元中的第1课时的内容进行有机对接（其中，六年级选取上册Unit 5 Let's try and let's talk为教学内容，八年级选取上册Unit 6 Section A 1a–2c为教学内容）；然后在本校六年级和八年级各挑选一个班级进行教学实践，研究在小学和初中两个学段中，教师应如何有机衔接英语教材，更好地促进学生学科素养的有效进阶。

一、语言能力进阶：由感知到理解

根据初中《课标》的分级描述以及小初英语学科素养进阶表，小学英语对语言能力的要求主要为：感知语言，能就日常生活的话题做简短叙述。针对研究课题以及语言能力的培养要求，我们为小学六年级本课时的英语教学设计了下列语言能力进行培养的学习任务。

（1）感知常见职业的名称：worker, postman, businessman, police officer,

fisherman，scientist，pilot，coach，reporter，head teacher等。

（2）感知常见的工作场所：factory，sea，university，gym等。

（3）简短叙述下列生活话题：

What does your mother / father do?

What do you want to be? I want to be a...

Where does he / she work?

根据初中《课标》的分级描述以及小初英语学科素养进阶表，八年级的学生应能互相交换信息，并且能从口头和书面材料中提取信息，解决简单的问题并描述结果。为此，笔者为本课时设计了下列语言能力进阶培养的学习任务：

（1）Listen to a song about jobs called People in My Town and find out the words that are about jobs.

pilot，postman police，fire fighter，barber.

（2）Listen to a dialog（2b）and fill in the form.

表3-3　The information about 2b

What does he want to be?	
Where is he going to work?	
How does he go to work?	
When is he going to start?	

（3）Have a discussion and think about more people who are helpful in the things they do for people.

（4）Make your dream cards（图3-1）.

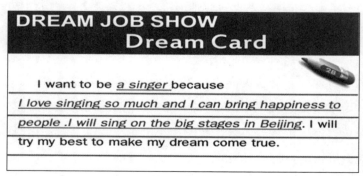

图3-1　Dream card

【设计意图】

对于语言能力，六年级重在培养学生感知语言知识的能力，同时能运用学过的语言知识对日常生活的话题做简单的描述，而八年级则重在培养学生的理解和表达语言的能力。不同年级的学生在完成任务过程中，不断加深对语言知识的理解，并运用学过的知识进行语言输出，其语言能力逐渐从感知上升到理解，从而实现语言能力的进阶。

二、学习能力进阶：由兴趣到探索

初中《课标》中对二级目标的描述为：在学习中乐于参与、积极合作、主动请求，初步形成对英语的感知能力和良好的学习习惯。为此，笔者为六年级学生设计了下列学习能力的培养任务：

（1）Enjoy some pictures about jobs（图3-2）.

图3-2　职业图

（2）Divide the whole class into four groups and encourage them to work together.

（3）Ask and answer questions in pairs.

（4）Do a survey and fill in the form.

表3-4　The information about jobs

name	father's job	workplace	mother's job	workplace	dream job	workplace

初中《课标》对四级目标的描述为：能在学习中相互帮助、克服困难，能合理计划和安排学习任务，积极探索适合自己的学习方法。为此，笔者设计了下列学习任务，旨在促进学生学习能力的有效进阶。

（1）Listen to a song about jobs called People in My Town and stand up when you hear the jobs.

（2）Work in groups. The group that works best will be the winner.

（3）Listen and learn some learning skills.

（4）Interview your classmates as a reporter and write something about your classmates' dream jobs. Then report it to the whole class.

【设计意图】

六年级的英语教学重在培养学生的学习兴趣。职业图片能唤醒学生的背景知识并激发学生的英语学习兴趣，而小组合作能初步培养学生的合作探究能力以及良好的英语学习习惯，鼓励学生多开口讲英语并记录有用的信息，保持学习英语的热情。八年级的英语教学则比较重视培养学生的学习策略。小组竞赛活动能鼓励学生积极、主动参与课堂活动，在与同学合作中探索适合自己的学习方法，在克服困难中培养自信心，不断提升学习能力，促进学习的可持续发展。

三、思维品质进阶：由再现到创造

有效的教学活动要能够引导学生将外化的知识转化为内在的认知，使学生通过学习、梳理、概括、分析、比较、评价、迁移等活动，学习和整合所学语言知识和语言技能，运用这些知识和技能以及各种学习策略探究和发现解决问题的答案，形成个人经验。这些个人经验当中就有与以前的自己或别人不同的、独到的见解和发现，即形成了创造性的观点，在这个过程中学生就会自然地提高思维品质。

初中《课标》二级目标中关于思维品质培养的描述为：能在图片的帮助下听懂、读懂并讲述简单的故事。这种培养目标基本上是学生在思维过程中不产生新的东西，思维结果一般是在意料之中，平淡无奇，属于"再现性思维"，思维的程度化较低。八年级学生思维品质的培养目标为：从口头和书面材料中提取信息、扩展知识、解决简单的问题并描述结果。这种培养目标要求学生在思维过程中产生新的东西，思维结果往往是出人意料的，属于"创造性思维"，思维的程度化较高。六年级和八年级思维品质培养目标的变化体现了学生思维品质从低阶向高阶发展的过程。

根据目标要求，笔者为六年级学生设计了任务前、任务中和任务后的思维品质培养任务。

1. 任务前了解文本

Enjoy some pictures about jobs.

2. 任务中读懂文本

（1）Let's try. Listen and circle the words you hear.

（2）Tell what Oliver's father /mother does according to "Let's talk".

3. 任务后延伸文本

（1）Work in pairs.

（2）What does your father /mother do?

（3）Where does he /she work?

笔者为八年级学生设计了任务前、任务中和任务后的思维品质培养任务。

1. 任务前分析文本

Enjoy a song about jobs call People in My Town and stand up when you hear the words about jobs.

2. 任务中梳理文本

（1）Listen and match the items between the jobs and plans（1b）.

（2）Which of the jobs do you think is the most interesting and useful？Why？

（图3-3）

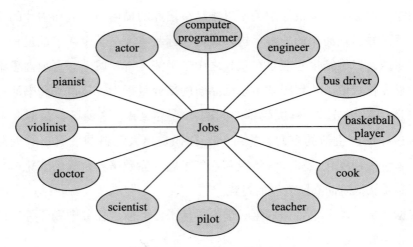

图3-3　The mind map about jobs

3. 任务后拓展文本

Imagine you are a reporter. Now interview your classmates about their dream jobs including：

（1）What do you want to be?

（2）How do you go to work?

（3）Where are you going to work?

（4）When are you going to start?

（5）What do you think of your future job?

【设计意图】

六年级任务中的教学设计，让学生在了解、读懂文本的基础上延伸文本内容，旨在帮助学生初步形成梳理和概括文本内容的能力，培养学生的"再现性思维"。而八年级任务中的教学设计，一方面让学生通过学习、梳理、分析、概括等活动，逐步形成逻辑性思维能力，通过比较职业的兴趣性和有用性，逐步发展批判性思维能力；另一方面让学生通过任务后的采访环节，创造性地运用语言，达到了高阶思维的创造层面。

四、文化意识进阶：由认知到感悟

文化意识体现英语学科核心素养的价值取向。在英语教学中，教师一定要明确各个学段的文化意识培养目标，善于发掘语篇中的文化知识和文化内涵，并且将教学中涉及的文化知识与学生的学习和生活密切联系起来，增强学生对文本内容的熟悉感和认同感，在汲取文化精华的同时形成正确的价值观，加强自身的文化意识。

根据初中《课标》二级和四级目标对文化意识培养的描述，笔者设计了下列文化意识进阶培养的教学任务。

1. 六年级教学设计

（1）Introduce what your mother /father/relative does and where they work.

（2）Tell your classmates what you want to be and where you want to work.

2. 八年级教学设计

（1）Tell your classmates your dream jobs.

（2）Tell your classmates which job do you think is the most interesting and useful. Why?

（3）Watch a video about a shoe-black.

Everybody is good at something. We should show love to others. Money is important. But there are things that are more important than money，such as love，dreams and so on. So keep trying to make your dream come true.

【设计意图】

六年级的教学任务旨在初步培养学生人生规划的意识，教学设计只是让学生简单了解各自父母的职业情况，以及设想一下自己的未来理想或工作；而八年级的教学任务则是对文化意识的进阶培养，除了帮助学生树立正确的人生规划价值观——"职业无贵贱，行行出状元"，引导学生尊重每一个人的劳动之外，还要求学生规划好自己的人生目标，并通过自己的努力去实现梦想。

五、应注意的问题

1. 小初教师加强交流

各地教育主管部门应该为小学和初中英语教师创设交流的平台，可以定期举行小学和初中英语教师一起参加的英语教研活动，让小学英语教师了解同一话题下学生在初中阶段要学到什么，让初中教师了解在小学阶段学生究竟学会了什么，让每一位小初的英语教师心中有数，实现小初英语的"无缝对接"，让学生学得更好、更稳。

2. 关注学生的真实情况

由于小学阶段学生接受英语教育的状况不同，秉着"为了一切学生、为了学生一切、一切为了学生"的初心，在初中起始阶段，教师首先可以对新生进行一次摸底检查，了解和掌握学生的实际英语水平，接着要因材施教、区别对待：对于学困生，应适当降低要求，耐心帮教，使他们"吃得饱"；对于优等生，应适当提高要求，恰当发挥在学习中的引领和示范作用，增强他们孜孜不倦的求学精神，使他们"吃得好"。

3. 培养良好的学习习惯

小学与初中阶段的英语课本内容、作业和考试、难度、要求等诸多方面存在不同，这使得升入初中的学生无所适从，一时难以适应。因此，作为初中英语教师，特别是七年级的英语教师需注意：一是要引导学生从一开始就养成预习和复习的习惯，在课堂上认真听讲，善于做笔记，多动手，多动脑，课余时间阅读或观看感兴趣的英语课外书籍和英语电视节目，养成每天写英语日记的良好习惯；二是布置的作业量及作业的难度要遵循逐步加大的原则，循序渐进，让学生逐渐过渡；三是在考试命题上要控制好难度，让学生保持学习的信心和热情。

4. 营造良好的课堂氛围

初中教师尤其是七年级的英语教师，应明确小学英语课堂教学和学生思维、行为习惯的特点，做好教学方法和策略的自然过渡，创设宽松、民主、友好的课堂教学氛围。比如在课堂教学中多考虑合作学习以及穿插一些游戏或小组竞赛活动，激活学生学习热情，增强教学活动的趣味性，帮助学生克服心理障碍，让更多的学生自然地参与到学习中来，顺利融入初中的英语教学中。

小初英语教学衔接是核心素养视角下英语教学中一个值得关注的热点。近为考试，远为终身，作为教师要用心研究，真正关注每一名学生未来成长的需要，真正做到以人为本，推动和促进英语教与学的和谐发展，提高英语教学效率，促进学科素养的有效培养，让学生快乐地学习，健康地成长。

参考文献

［1］中华人民共和国教育部. 义务教育英语课程标准（2011年版）［M］.
北京：北京师范大学出版社，2012.

［2］中华人民共和国教育部. 普通高中英语课程标准（2017年版）［M］.
北京：人民教育出版社，2018.

［3］王蔷. 核心素养背景下英语阅读教学：问题、原则、目标与路径［J］.
英语学习，2017（2）：19–23.

第九章
整体设问

　　提问是师生课堂互动的重要形式之一，它是一项设疑、激趣、引思的综合性教学艺术，是教师引导学生与文本对话的一种重要手段。围绕单元主题意义设计既环环相扣又富有思维性的问题，是整合课程内容、实施深度学习、发展学科核心素养、落实学科育人目标的有效途径。

第一节　概　论

一、实施背景

建构主义理论认为，当学习者遇到相对复杂的学习任务时，教师应将复杂的任务加以分解，使学习者在教师的帮助下，通过信息加工活动形成意义建构，从而不断加深对所学知识的理解。可以说，在初中英语教学中，提问是师生课堂互动的重要形式之一，它是一项设疑、激趣、引思的综合性教学艺术，是教师引导学生与文本对话的一种重要手段。设计既环环相扣又富有思维性的问题，是整合课程内容、实施深度学习、发展核心素养、落实学科育人目标的有效途径。

因此，教师在设计问题时，应以学生现有的认知水平为基础，在主题意义的引领下，设计具有统领性、层级性、思维性、实践性的问题，激发学生的学习兴趣，引导学生在探究主题语境的过程中努力思考、积极探索、主动讨论、勇于反思，从而充分挖掘自身潜在的学习能力，成功跨越"最近发展区"，促使语言能力、学习能力、思维品质以及文化意识得到同步发展。

为了更好地开展初中英语单元教学的设问策略探究，以便得出适切而实效的解决办法，笔者在研究之初开展了主题为"初中英语单元教学中的问题设计情况"的调查研究。在调查中发现，目前初中英语单元教学的问题设计存在以下尚需改进的地方。

1. 碎片化

问题的设计偏离单元教学目标，脱离主题意义，总体呈现孤立化的现象，忽视单元文本间的逻辑关系和情感脉络，缺乏统领性。

2. 统一化

问题的设计没有考虑学生的认知水平和不同需求，不能促进学生的共同进步，而且呈现的问题缺乏难易梯度，不能激发学生的主动参与意识，缺乏层级性。

3. 表层化

问题的设计只停留在捕捉文本的表层信息和梳理文本的语言知识层面，忽视对学生思维品质和情感态度的培养，学生简单阅读文本就能找出答案；问题的设计目标与学生的"最近发展区"不吻合，不能实现知识的迁移和创造，问题的设计缺乏思维性。

4. 知识化

问题的设计脱离学生的生活实际，只是把语言知识强行灌输给学生，缺乏主题语境的探究活动，学生只是被动地、无条件地接受教师对文本内容的提问，没有机会对文本信息进行合理分析和质疑，对文本内容缺乏思考和探索的实际情境；问题的设计不能引发学生的共鸣，缺乏实践性。

二、实施意义

问题设计是问答中的重要一环，设计巧妙的问题可以在单元整体教学中起到穿针引线的作用。笔者认为，单元主题意义是问题设计的"灵魂"，问题设计是单元主题意义的"载体"，深度学习是问题设计的"归宿"。因此，在主题意义的引领下，设计由易到难、循序渐进、环环相扣、既独立又相互关联的问题，有助于将立德树人根本任务落到实处，促进英语学科核心素养四大要素的融合发展，具有重大的意义。具体表现在以下几点：

（1）帮助学生学习语言和文化知识，使学生主动建构自己的知识框架，提高对知识的分析和运用能力，实现知识向能力的转化。

（2）引导学生理清文本间的关联性，逐步深化对单元主题的认识，更加深入地挖掘单元的主题意义，领悟单元主题的文化内涵，从而建构新概念，形成个人观点，促进英语学习由浅层向深度的发展。

（3）使学生与文本之间基于意义实现有效对话，打破现有语言素材之间的边界，将语言学习渗透到主题意义探究活动之中，培养学生整体阅读的意识和能力。

（4）使学生在教师搭建的问题支架的帮助下，从已知到未知，从旧知到新知，逐步向上攀登，最终跨越"最近发展区"，不断发展思维品质，促使思维由低阶向高阶发展。

三、实施原则

1. 统领性

统领性是单元整体教学中问题设计的根本前提，既是问题设计的起点也是落脚点，它既避免了问题设计中盲目性、随意性、碎片化、孤立化等现象，又为单元教学中的课程整合提供了方向和依据，为整体性教学提供了保障。事实上，在聚焦主题意义的问题设计中，对主题意义的探究始终是单元教学的主线。教师在认真研读教材，充分理解单元主题意义的基础上设定单元教学目标，进而围绕教学目标设计主线问题，并由主线问题衍生其他子线问题，使子线问题既保持独立又受到主线问题的统领，有助于学生了解单元各板块间的关联性，打破现有教学中语言素材之间的边界，有助于引领学生深入探究单元主题。

2. 层级性

苏联教育家维果斯基提出的最近发展区理论为单元整体教学中的层级性问题设计提供了重要的理论基础。美国教育学家布鲁姆在1956年提出的教育目标分类理论为英语课堂问题设计提供了理论支持。他将认知领域的教学目标分为记忆（remember）、理解（understand）、应用（apply）、分析（analyze）、评价（evaluate）和创造（create）六个层次（转引自苏立平，2019），这六个层次目标由易到难、由浅入深，循序渐进。因此，教师在设计问题时，要考虑认知的规律，要充分考虑当前学生的具体生活实际以及不同认知水平，设计符合学生实际要求的具有层次性的问题，从而激发全体学生参与探究活动的热情，最大限度确保学生的参与度。而学生在教师搭建的阶梯性支架上逐步攀登，突破原有的认知领域，成功跨越"最近发展区"，实现知识向能力的转化，最终实现问题设计教学效益的最大化。

3. 思维性

思维既是英语学习的目标也是英语学习的过程。英语学习的核心不仅是知识和文化本身，更是人的发展、人的文化解码能力和跨文化交际能力，而这一切需要以思维作为桥梁。因此，单元整体教学中的问题设计应该避免把教学重点放在对文本表层意思或语法的理解上，不能停留在语言知识的设计层面，应该重视学生各种思维能力的培养，让学生在不断分析和解决问题的过程中，进行记忆、理解、应用、分析、比较、创造等思维活动，在逐步理解和深化单元主题意义的同时，培养逻辑性、批判性和创造性思维能力，促进思维能力向高阶发展。

4. 实践性

初中英语教学既要关注工具性，更要关注人文性，教师要懂得学习英语的目的是运用。因此，聚焦主题意义的问题设计要依据"从课本中来，到生活中去"的教学根本目标，紧密联系学生的生活实际，促使问题设计的"生活化"。"生活化"问题能够激发学生参与单元主题探究活动的兴趣和热情，引导学生进一步领悟单元主题的意义和内涵，形成并逐步提高文化意识。学生在解决"生活化"问题时，学习和运用了语言，提升了学习能力；通过创造性地运用语言，使所学的语言在真实情景中得以运用和内化，提高了语言表达能力，实现了知识的迁移和创造；通过推理与论证、想象与创造、批判与评价等超越语篇的实践活动，学会思维、学会做事，实现了英语的深度学习和高阶思维的培养，形成了可迁移、可持续的能力和素养。

第二节　整体设问的实施路径

在初中英语单元整体教学中，教师应如何设计既 "聚焦主题、融合发展"
又 "问问相扣、层级而上" 的问题呢？笔者任教的学校使用的是人教版（Go
for it）英语教材。该教材每单元都以话题为中心设置了不同板块，这也为本研究
提供了适切的教学和实践资源。下面以人教版九年级英语教材Unit5 What are the
shirts made of为例，谈谈在单元整体教学中聚焦主题意义进行设问的路径。

一、聚焦单元主题，确定主线问题

有效的英语课堂是在教师的引导下，以问题为导向，师生共同对主题意
义展开的探究。单元主题是单元教学的精神统领，是问题设计的 "源泉"，也
是问题设计的依据。因此，教师应围绕单元主题，依据具体的教学内容，定位
基于主题意义的教学目标，然后依据教学目标设计具有统领性作用的主线型问
题，把整个单元的学习活动串联起来，实现整体性教学的目标，避免传统教学
中碎片化、无序化、浅表化的教学现象，为后面的子线问题设计提供主体支
架。学生在探索和解决一系列问题的过程中，能对单元主题意义形成整体认
识，进一步领悟单元各个语篇隐含的文化意蕴，深度挖掘单元主题内涵，促进
英语学科核心素养四大要素的融合发展。下面为主题意义引领下笔者依据单元
教学内容和教学目标设计的主线问题。

1. 单元教学内容

本单元的主题语境为 "人与社会"，涉及的话题是 "Things made in
China"。本单元通过以下三个语篇呈现主要内容：Chinese tea，Chinese
products，Chinese art forms.

2. 单元教学目标

（1）阅读语篇，体验Things made in China的魅力所在，感知主题。

（2）深入语篇，挖掘并模仿语言结构，探究主题。

（3）运用被动语态介绍"Things made in China"，领悟主题。

（4）了解当今世界制造业的格局，正确认识中国产品在世界经济竞争中的优势和劣势，拓展主题。

（5）小组合作，介绍自己家乡的特产、食物或艺术品，升华主题。

3. 单元主线问题

（1）How much have you learned about Chinese cultural elements?

（2）What do you think of the things made in China?

（3）What are the special local products in your hometown? Can you introduce them to your friends?

【设计意图】

主线问题是以单元主题为引领，遵循英语学习活动观的主题探究活动设计原则，依据教学目标而设计的。其中主线问题（1）侧重于细节性问题的设置，旨在挖掘语篇的语言和文化知识；主线问题（2）侧重于单元主题的体验，旨在培养学生的思维品质；主线问题（3）侧重于主题语境的迁移创新，旨在升华单元的主题意义，促进高阶思维的培养。这三个主线问题形成一个环环相扣、步步深入的活动链，不但有助于学生从不同角度深入探究语篇的主题意义、内容信息和价值取向，而且符合学生的认知规律，帮助学生由浅入深、由表及里，对语篇进行层层剖析、深挖细掘，逐步跨越"最近发展区"，促进学生的可持续发展。

二、基于主线任务，巧设子线问题

主线问题是教师为引领学生跨越最近发展区而搭建的支架中的主体支柱，接下来教师需要围绕支柱搭建帮助学生实现目标的踏板，实现全体学生的共同进步。因此，教师应进一步研究单元各板块的具体目标和教学内容，同时结合具体的学情，设计既有关联性又有独立性的子线问题，引领学生在不同的语篇中以不同的方式探究单元的主题意义，实现思维品质培养形式多样化，文化意识提升角度多棱化，语言能力发展模式多维化，学习能力提高维度多面化。

1. 遵循认知规律，设计层次性问题

《新课标》指出，教学目标要体现对全体学生的基本要求，同时兼顾学生的个体差异，既确保共同进步又满足个性发展。同样道理，好的问题设计既能满足全体学生的基本要求，又能兼顾学生的个性发展，通过一个个问题的展现，一次次的提问与回答，让学生经历由不懂到懂，由不会到会的过程。因此，在聚焦主题意义的主线型问题统领下，教师还应根据各语篇的具体教学内容，考虑学生的心理与年龄，以及实际的认知水平，明确学生的"最近发展区域"，做到难易结合，面向全体学生，照顾各个层次的学生，使学生通过"跳一跳"完成任务，从而确保全体学生都参与到主题语境的探索活动中来，形成一个积极进取的良好课堂学习氛围，优化课堂教学，提高课堂效率。

基于单元主线问题（1）的任务设置以及学生的不同认知水平，笔者依据不同语篇设计了下列层次性子线问题（表3-5）。

表3-5　层次性子线问题

语篇	内容信息	主线问题（1）的子线问题（细节性）
Passage One	Chinese tea	Pre-reading （1）What do you know about tea? （2）How many kinds of tea do you know? （3）What place is famous for Tieguanyin/Longjing tea? While-reading Part 1（For the students who are good at English） （1）Where is tea grown? （2）How are tea leaves picked? （3）What needs to be done after tea leaves are processed? （4）Where is tea sent? （5）Why is tea drunk all over the world? Part 2（For the students whose English level is so-so） （1）Is tea produced in Anxi and Hangzhou? （2）Is tea grown in your hometown? （3）Do tea leaves need to be processed?

续　表

语篇	内容信息	主线问题（1）的子线问题（细节性）
Passage Two	Chinese products	Pre-reading （1）What do people buy when they visit another country? （2）What does it mean by finding the American flag with the sign "Made in China"? While-reading Part 1（For the students who are good at English） （1）What did Kang Jian discover in the toy stores? （2）What did he realize after his shopping experiences? （3）How did he feel about the facts that so many products in America are made in China? Part 2（For the students whose English level is so-so） （1）What two things did Kang Jian want to buy in America? （2）Where did he go to visit his aunt and uncle? （3）Can you find out the sentences with passive voice?
Passage Three	Chinese art forms	Pre-reading （1）What kind of folk traditional art do you know? （2）What common things are mentioned in the passage? How many traditional art forms are mentioned? While-reading Part 1（For the students who are good at English） （1）Which part gives a general introduction（Para.1）? （2）Where can you find specific details（Para.2-4）? （3）What were the sky lanterns used for before and what are they used for now? （4）How do people use paper cuttings during the Spring Festival? （5）What are the steps for making clay art pieces? Part 2（For the students whose English level is so-so） （1）What are the three common things? （2）What materials are used to make the common things?

【设计意图】

根据主线问题以及学生的具体学情设置难易梯度合理、逻辑性强的推进型问题链，一方面能激发学生的参与热情，提高问题探究的参与面以及实效性，促进学生的共同进步；另一方面能引导学生由浅入深地挖掘和梳理各语篇的细节性信息，提高学生的综合语言运用能力，帮助学生进一步领悟单元的主题意义，在培养学生逻辑性思维能力的同时，为后面高阶思维性问题的设计积累语言材料，为学生顺利跨越"最近发展区"搭建支架，确保课堂教学的实效性。

2. 拓展思维品质，设计探究性问题

初中《课标》明确指出，英语课程承担着培养学生基本语言素养和发展学生思维能力的任务。思维培养既是英语教学的重要目标之一，也是课堂教学的主要实施方式。思维品质体现英语学科核心素养的心智特征。因此，教师在设计问题时，要避免过度关注细节信息而忽视对学生探究性思维能力的培养。教师应基于设定的主线问题，设计能培养学生逻辑性思维、批判性思维和创造性思维的问题链，为学生建立思维路径，帮助学生进一步梳理语篇的主题内涵，引导学生参与到预测、讨论、辩论等教学探究活动中来，通过分析、运用、判断、联系、评价等方式探究问题，逐步拓展自身的各种思维品质，实现由语言知识的学习向能力和素养方面的转化。

在本单元子线问题的设计中，依据主线问题（2），笔者在三个语篇的教学中都设计了具有思维含量的探究性问题（表3-6）。

表3-6 探究性子线问题

语篇	主线问题（2）的子线问题（思维性）
Passage One	Predict from the picture： What do you think the conversation mainly talk about? Debate： Do you like tea or coffee? Why? Which drink has more cultural elements?
Passage Two	Predict from the title： （1）Where is the tourist? （2）Does he want to buy Chinese products or American products? （3）Is it easy for him to buy American products? Why? Debate： （1）Why do you think so many products in America are made in China? （2）What are the advantages and disadvantages about Chinese products in the world's competition?
Passage Three	Predict from the title and pictures： （1）What do you think the common things are? （2）What do the three things that are mentioned show us? Debate： （1）Which art form do you think is the most interesting? Why? （2）What do you think of Chinese cultural elements? Why?

【设计意图】

思维能力的培养应该贯穿各个语篇的教学过程。预测活动能激发学生的参与热情，让学生迸发思维的火花，为语篇的探究活动埋下伏笔；辩论活动不但促使学生进一步领悟单元的主题意义，巩固前面已经积累的语言知识，而且让学生在与他人共同寻找问题答案的过程中，学会批判、质疑，提高批判性、逻辑性、辩证性和创造性思维能力，培养合作探究能力，促进学习的可持续发展。

三、提高学用能力，设计体验性问题

在语篇教学的最后环节，教师应围绕单元主题意义设置体验性问题，以学生的生活场景以及生活经验为现实基础，创设能引导学生解决问题的生活情境，让学生在真实情景中运用所学的语言知识和文化知识，拓宽主题意义探究的空间，使主题意义在实际生活的运用中得以建构，使学生在思考并解决实际生活问题的过程中，实现语言学习的有效输出，提高英语的学用能力，实现"语言学习→生活服务→迁移创新→素养提升→立德树人"的教学目标。

基于主线问题（3），笔者设计了下列体验性子线问题（表3-7）。

表3-7 体验性子线问题

语篇	主线问题（3）的子线问题（创造性）
Passage One	Imagine Chaozhou is having an exhibition about tea. As a salesman, how can you show the best about Fenghuang tea to the guests?
Passage Two	In our town, the stainless steel products are very famous. Can you tell us something about the products?
Passage Three	Some special local things in Chaozhou are very famous. Such as Chaozhou dishes, Chaozhou Opera, Chaozhou embroidery and so on. Which impresses you most? Can you introduce it to us?

【设计意图】

实践体验活动是检验学生能否成功跨越"最近发展区"的重要标志，也是课堂教学实效的一个重要检验标准。体验性子线问题通过生活化的实践活动，引导学生运用语篇知识解决生活中的实际问题，使主题语境探索活动成为"学习理解→应用实践→迁移创新"的由浅及深的能力培养过程，让学生在实践活动中践行英语学习活动观，培养学生的创造性思维能力，实现语言学习的迁移运用，使学生的文化意识以及学习能力、语言能力得到融合发展。

聚焦主题意义的单元整体教学问题设计能够使英语课堂教学的环节更加紧凑，使教师的提问更加有理有据，更有梯度，突出英语教学的综合性、关联性和实践性等特点，使学生的思维在问题的引导下更有逻辑性和创造性。通过探究主题意义下的单元整体教学设问，能够帮助学生系统掌握单元的语言知识和文化知识，促进核心素养四大要素融合发展，实现英语学习由浅层向深层的转变，落实英语学科立德树人根本任务。

参考文献

［1］郭异斐. 问题链在初中英语阅读教学中的运用［J］. 中小学外语教学（中学），2019（10）：61-64.

［2］齐地尔. 基于主题意义的单元整体教学［J］. 中小学外语教学（中学），2019（9）：32-37.

［3］中华人民共和国教育部. 义务教育英语课程标准（2011年版）［M］. 北京：北京师范大学出版社，2012.

［4］中华人民共和国教育部. 普通高中英语课程标准（2017年版）［M］. 北京：人民教育出版社，2018.

［5］陈亚红，赵旭辉. 运用支架理论提高高中英语阅读教学的有效性［J］. 中小学外语教学（中学），2016（2）：27-32.

［6］叶秀秀. 问题设计在单元整体教学中的作用及实施策略［J］. 中小学英语教学与研究，2020（1）：27-28+32.

［7］苏立平. 初中英语阅读教学层级性问题的设计与应用［J］. 中小学外语教学（中学），2019（4）：39-43.

［8］梅德明，王蔷. 改什么？如何教？怎样考？高中英语新课标解析［M］. 北京：外语教学与研究出版社，2018.

第十章
读后续写

　　读后续写是一种将阅读与写作紧密结合的实践性作业形式，是一种促进语言学习、用英语做事情的有效方法，也是一种检验学生英语核心素养发展情况的有效评价手段。聚焦主题意义的读后续写活动，旨在以语篇主题意义为灵魂，以阅读语篇为载体，通过设置相互关联、层层递进的主题语境，引领学生深剖语篇隐含的文化内涵，在培养学生高阶思维能力的同时实现语言知识的迁移和创新。

第一节　概　论

初中《课标》指出：各种语言知识的呈现和学习都应从语言使用的角度出发，为提升学生"用英语做事情"的能力服务。教学活动应有助于学生学会用英语做事情，特别是用英语获取、处理和传递信息，表达简单的个人观点和感受，从而提升语言运用的能力。因此，在初中英语教学中，教师应根据语篇以及学生的特点，设计一系列拓展性的学习活动，引导学生表达个人观点、意图和情感态度，引领学生深剖语篇隐含的文化内涵，培养高阶思维，实现立德树人的根本任务。

读后续写是一种将阅读与写作紧密结合的实践性作业形式，是一种促进语言学习、用英语做事情的有效方法，也是一种检验学生英语核心素养发展情况的有效评价手段。它要求学生认真研读语篇，在正确理解语篇主题意义之后，围绕语篇的主题，在原语篇的基础上进行合理想象，并对其进行拓展发挥。它不是对原文的简单抄袭，也不是另起炉灶，随心所欲地胡编乱造，而是必须确保续写内容与原语篇在思想内涵、逻辑结构、语言形式以及主题基调等方面保持连贯性。当然，续写的思路可以是多维的，续写的内容可以是多元的，对文章的结尾也可以做出不同的诠释，从而深化和升华语篇的主题意义，实现对语篇的深度学习，以及知识的有效迁移和创新。

一、问题分析

从探究主题意义的角度来看，在传统初中英语读后续写活动中学生的作品存在着以下问题：

1. 续写内容偏离主题意义

语篇的主题意义是作者在语篇中所表达的思想，是语篇的核心。但是部分学生未能从What，Why，How三方面对阅读语篇进行深入的研读，没有正确把握和理解语篇的主题意义，从而也不能有意识地深挖语篇所蕴含的文化内涵及育人价值。这样就会导致学生只能简单地对接原语篇的情节，续写内容偏离语篇的主题意义，忽视其中蕴含的学科育人价值，不符合原语篇的内在逻辑，是明显脱离原语篇的"再创作"，与原语篇融合度不高。

2. 情节发展缺乏逻辑性

有些学生在续写的时候，不能充分考虑情节的发展是否符合原语篇的写作思路，是否与客观规律相一致，是否符合生活实际，是否能够引起读者的心理共鸣等。他们在续写时随心所欲，天马行空地胡乱编造，导致续写内容前后不连贯、不一致、不合理或不搭配，使语篇的情节发展整体结构松散，逻辑性不强。

3. 语言表达缺乏协同性

在续写中，有些学生语言表达上没有紧跟情节设定，细节处理不到位，语言协同能力差；有些学生未能深层次、有意义地阐释和表达自己的观点和情感，语言表达比较简单、生硬，比较口语化；还有些学生对词汇、句法理解不到位，语言表达不准确。比如，对某些具有多种词性的单词的用法不够明确，特别是名词、形容词；对一些词组的把握不到位或者生硬地翻译；对时态的运用不准确，往往忽略原语篇所采用的时态，凭自己喜好选择，造成时态的混乱。

针对基于主题意义探究的读后续写中学生存在的问题，笔者认为，教师应在读后续写教学过程中强化主题意识，以语篇主题意义为引领展开研究，使读后续写活动成为学生思维的发展处以及价值的形成处，使学生的语言能力、文化意识、思维品质和学习能力等得到融合发展，实现英语学科的育人价值。

二、实施意义

读后续写将语言输入与输出紧密结合，将语言的学习与运用切实结合，是提高外语学习效率的好方法。初中《课标》指出：语言技能是语言运用能力的重要组成部分，主要包括听、说、读、写等方面的技能以及这些技能的综合运用。听和读是理解的技能，说和写是表达的技能。它们在语言学习和交际中相辅相成、相互作用，学生应通过大量的专项和综合性语言实践活动，形成综合语言运用能力，为真实语言交际打基础。读后续写就是将听、说、读、写等多种技能很好结合起来的一种教学模式，对促进英语学习有重要意义。

1. 激发学生前进的动力

在聚焦主题意义的读后续写活动中，学生首先借助阅读语篇内容，开动脑筋，认真思考，理顺语篇脉络，理解语言结构，深挖语篇内涵，领悟主题意义，然后根据语篇具体内容，按照相关要求和提示，展开合理想象，对语篇内容进行完整的延伸和拓展，提升课堂学习的广度和深度。学生在相互关联、层层递进的学习探索中，满足了好奇心，激发了学习兴趣，提高了学习动力，积累了更多的词汇、语法知识和写作经验，提高了语言综合运用能力，从而树立了自信心，为以后的高中英语学习和写作，乃至一生的英语学习和写作奠定了良好的基础，激发了前进的动力。

2. 用以促学，学用相长

基于主题意义的读后续写活动通过"理解+创造+产出"的实施路径，努力实现语言输入和输出的统一。学生在主题意义的统领下，沿着主题语境的探究路径逐步攀登，在深入研读语篇之后撤除支架，跨越"最近发展区"的基础上，激发想象，开拓思维，对原语篇进行"再创作"，把学到的知识运用于实践，并且在实践中提高写作能力，真正做到学以致用，用以促学，学用相长。

3. 促进学科素养的融合发展

通过读后续写活动，学生在阅读、寻找、发现、挖掘、建构、写作等探究活动中，能够理解语篇的文化内涵，掌握、积累语言和文化知识，汲取文化精华，发展文化意识，形成正确的人生观、价值观和世界观，培养阅读能力、语言领悟能力、概括能力、想象能力、语言组织能力、语言表达能力、创造性思维能力、逻辑思维能力等学科素养。读后续写活动能让学生树立正确的英语学习观，保持学习英语的兴趣和热情，锻炼写作能力，同时反思自己的不足，减少语言错误，改善语用能力，促进语言能力、文化意识、思维品质和学习能力等学科核心素养的融合发展，从而实现英语学科的育人价值。

三、设计思路

《新课标》指出：深入研读语篇，把握主题意义，挖掘文化价值，分析文本特征和语言特点及其与主题意义的关联，对教师做好教学设计具有重要意义，是教师落实英语学科核心素养目标、创设合理学习活动的重要前提。读后续写就是给出前文，写出后文的一种语言学习拓展延伸方式。要想让学生写好后文，教师必须研读语篇，具备全局观念，明确基于主题意义的读后续写的教学方向及思路，做好教学设计，帮助学生读懂语篇的具体内容、主题意义、文体结构、语言特点以及作者的写作意图、情感态度，使续写的内容与原语篇保持连贯性和一致性，实现原语篇的延伸和创新。

下面以人教版九年级英语教材Unit 11 Sad movies make me cry Section A 3 a The shirt of a happy man（Part 1）为例，具体阐述基于主题意义的读后续写的教学设计。

1. 教材分析

（1）What的问题（语篇的主题和内容是什么？）

该语篇为一篇有关幸福的寓言故事，主题为"What is happiness？"隶属于主题语境"人与自我"下面的主题群"做人与做事"，主要讲述一位国王虽然拥有"财、权、名"，但却一直闷闷不乐，在宫廷找不到一位快乐者的情况下，只好派遣他的大将军去外边寻找一件快乐者的衬衫的故事。

（2）Why的问题（作者或说话人的意图、情感态度或价值取向是什么？）

该语篇的题目为"The shirt of a happy man"，主题意义为"正确的人生态度"。作者通过国王以及首相、银行家、宫廷歌手的事例，引导学生探究"快乐"的真正含义，培养正确的人生态度，树立正确的人生观和价值观。

（3）How的问题（语篇具有什么样的文体特征、内容结构和语言特点？）

该语篇的体裁为寓言故事，该故事还延续到Section B的听力部分。语言结构为make sb. do sth. /make sb. adj.（感知和运用事物对人产生的影响）以及positive and negative words（相应情感表达方式）。该语篇的语言既有趣味性又有哲理性，情节鲜明，内容可延伸，留下开放性的结尾，即留下悬而未决的问题，为学生提供了很大的创作空间，让学生拥有更多的自主权和拓展权，激发学生的续写兴趣和创作热情，有利于实现知识的有效迁移和创造。

2. 学情分析

该语篇教学的对象为九年级的学生，此阶段的学生感觉和知觉灵敏，逻辑、抽象思维能力不断增强，开始关注人生和世界，思考人生理想、人生意义等问题，并开始用批判的眼光来看待周围事物，喜欢质疑，喜欢表达自己的观点。但此阶段的学生的人生观和价值观还未形成，自我意识不成熟、不稳定，容易受到网络等媒体的一些不良信息的影响，对于"什么是幸福"往往会感到迷茫和徘徊。该语篇读后续写活动的任务设置很适合此阶段学生的心理特点，能够帮助他们明晰什么是幸福，端正生活态度，领悟人生的真正价值所在，促进他们的健康成长。

3. 教学目标

（1）借助思维导图，梳理语篇的语言结构，包括make sb. do sth和make sb. adj，感知主题意义。

（2）探究问题链，理顺语篇的脉络，感悟主题意义。

（3）参与辩论活动，正确认识"What is happiness"，深化主题意义。

（4）想象故事结尾，完成读后续写，升华主题意义。

（5）互评同伴作品，检验文本间的协同效应，实现情感分享，促进深度学习。

4. 学习策略

在该语篇的读后续写教学活动中，教师基于语篇的主题意义，根据语篇的写作特点、文体特征以及内容结构，采用"读（梳理结构、理清脉络）—析（辩论活动、深挖内涵）—写（读后续写、迁移创造）—评（同伴互评、深度学习）"的四步学习策略，实现"研读语篇—续写结尾—立德树人"的教学目标。

第二节　读后续写教学实施对策

　　《新课标》指出：教师要在深入研读语篇的基础上，根据主题语境，语篇类型，不同文体的语篇结构和语言特点，引导学生深入学习和理解语言所表达的主题意义，建构结构化知识，内化所学语言和文化知识，自主表达观点，实现深度学习。因此，教师应该引导学生以语篇的主题意义为引领，在深入研读语篇的基础上揣摩作者的意图，判断作者的情感态度，在感知、感悟、深化语篇主题意义的基础上进行合理想象，完成读后续写任务，升华语篇的主题意义，促进深度学习，提升英语学科素养。

一、巧借思维导图，梳理语言结构

　　《新课标》在学习策略部分建议，教师可利用笔记、图表、思维导图等收集、整理信息。思维导图（Mind Map）是Hyerle&Yeager提出的第三种视觉工具，他将头脑风暴网状图的灵活性，特定内容图形组织器的结构与旨在加强批判性思维的深度和复杂度的视觉模式结合了起来，通过八种视觉图，帮助人们理解阅读内容，解决写作过程中的问题，提高思维技巧（转引自胥阳，2018）。根据所研读语篇的特点以及读后续写的语言需求，笔者设计了下列思维导图，引导学生围绕主题意义梳理文本的语言结构。

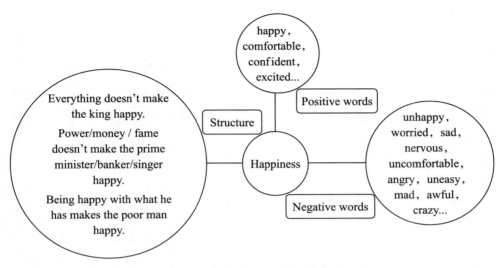

图3-4　有关Happiness的思维导图

【设计意图】

借助思维导图引导学生围绕主题意义梳理语篇以及与主题相关联的语言知识及逻辑结构，感知语篇的主题意义，为读后续写搭建了语言支架，确保续写内容与原语篇的协同效应。

二、创设关联问题，理顺语篇脉络

在解读文本时，教师应设计一些有整体性、层次性、梯度性的问题，从而帮助学生由表及里、由易到难、由浅及深、循序渐进地解读文本，探究文本的意义。在研读文本的过程中，教师可围绕语篇的主题意义，根据教学目标以及理顺文章脉络的需要，创设层层递进的问题链，引导学生在探究问题的过程中感悟主题意义。为此，笔者设计了下列问题链：

（1）What did the king have? Was he happy? Do you think medicine could help him?

（2）Do you think whether the prime minister, the banker and the singer were happy? Why or why not?

（3）Could the top general find a happy man? Why or why not?

（4）What do you think the ending to the story will be?

【设计意图】

围绕语篇的主题意义"Happiness"而设置的问题链，分为两个层次的任务：Q1和Q2属于第一层次的问题，主要是对文本浅层信息的提取，为后面对文本的推断及评价搭建基础支架；Q3和Q4属于第二层次的问题，要求学生在理解文本的基础上，对文本中的情节做出合理的推断和评价，为续写活动搭建延伸支架，并为学生跨越"最近发展区"做好铺垫。两个层次的问题设计呈现明显的递进关系，引导学生感悟主题意义，促使思维由低阶向高阶发展。

三、搭建辩论平台，积累语言材料

《新课标》指出：除了常规的教学活动外，教师应更多地调动学生的学习潜能，组织更加开放的、具有挑战性的项目式学习、研究性学习、创造性学习等活动，激发学生主动参与，引入和利用多种资源，鼓励学生分享感受、经历、看法和个人创作，为学生展现自我、挑战自我、突破自我、相互学习创造最佳的学习环境。该语篇的主题意义为"Happiness"，文本的结尾留下悬而未决的问题，为学生创造了想象的空间，提供了表达自己观点的机会。为此，笔者组织学生展开一场辩论活动，进一步深化语篇的主题意义。

辩论主题：Power, wealth and fame are the most important in my life.

正方：Agree.

反方：Disagree.

辩前准备：

（1）全班分为两大组，分别为正方和反方，每组各选出一位组长和四位参赛选手。

（2）各组成员合作分析辩题，搜集论据，形成论点。

（3）制定可行的流程和规则。

（4）各组根据自身特点确定一辩、二辩、三辩和四辩选手。

课堂辩论：

（1）班长开场白。

（2）正反双方进行辩论。

（3）教师总结，及时纠正部分和澄清学生的错误思想和模糊认识。

（4）班长宣布结束。

【设计意图】

辩论活动的主要目的是帮助正反双方在对辩中运用语篇的语言知识陈述自己的观点，及时厘清思想中对于"正确的人生态度"的困惑，修正学生思想认识上的偏差，帮助学生树立正确的人生态度，懂得"Happiness"的真正含义，为后面的续写活动积累必备的语言材料。

四、想象故事结尾，实现协同迁移

王初明认为，读后续写具有三项促学优势：激发表达动机；凸显语境作用；借力互动促学。由于语篇的结尾具有开放性特点，没有统一的答案，教师应该鼓励学生在主题意义的统领下，启动发散性思维，发挥想象力和创造力，用语篇涉及的语言知识以及文化知识创造性地编写延伸故事，实现知识向能力，能力向素养的转化。为此，在学生深入研读语篇的基础上，笔者结合语篇的延伸部分——Section B听力内容，引导学生为语篇续写结尾，促进知识、能力、素养的有效迁移。

续写任务：Do you agree with the poor man's thoughts about happiness? Now imagine the rest of the story. It can include what makes you happy，your opinions about happiness.

【设计意图】

读后续写是一个开放性的写作题型，主要考察学生的"创作能力"。此环节凸显学生的自主性和开放性，突出英语教学的整体性、迁移性和创造性，能够检验学生对语篇主题意义以及内容的理解程度，检验学生语言表达的准确性和丰富性，检验上下文的连贯性、逻辑性。

五、借力同伴互评，促进深度学习

《新课标》指出：应提倡学生开展自评和互评，加强学生之间、师生之间评价信息的互动交流，促进自我监督式学习，并在相互评价中不断反思，取长补短，总结经验，调控学习，把教学评价变成主体参与、自我反思、相互激励、共同发展的过程和手段。在学生完成续写任务后，教师应指导学生在完成自评的基础上，同伴之间进行互评。同伴互评活动可视教学时间安排在课上或者课后完成。由于学生的评价能力存在差异，教师可提供同伴互评表（表3-8），让学生有统一的评判标准，能够比较客观、公正地对同伴作品进行评价。

表3-8　The Evaluation Sheet of Students' Peer Assessment

Cooperativity	The logic corresponds to the article above. Yes（　　　）No（　　　）
	The ending is reasonable. Yes（　　　）No（　　　）
	The ending is based on the topic of the article. Yes（　　　）No（　　　）
Depth	It can show the clear attitude to life. Yes（　　　）No（　　　）
	The explanation about happiness is believable. Yes（　　　）No（　　　）
	The structure of language lies beyond the article. Yes（　　　）No（　　　）
Accuracy	Stand out the thematic meaning. Yes（　　　）No（　　　）
	The expressions of language are suitable. Yes（　　　）No（　　　）
Opinion	Agree or disagree with his/ her ideas. Why or why not?
	The impression of the article
	Suggestions

【设计意图】

从协同性、深度性、准确性以及自主意见等方面对同伴的续写内容进行评价，既是学生自主合作探究的学习过程，也是互相学习、互相分享、共同进步的过程。同伴互评是一种积极有效的英语写作评价模式，有利于激发学生的好强心理和写作动力，促使学生用心创作，提高写作能力；也有利于帮助学生及时发现错误，纠正自身思想认识中的偏差，提升评判性思维能力和学习能力，促进深度学习。

六、教学建议

基于主题意义的读后续写活动将读、听、说、写紧密结合起来，实现理解和语言输出的有机统一，促使学生深刻理解语篇内涵，领会作者的写作意图并构思新的故事情节，激活与原语篇内容和语言相一致的正确表达，触发学生与文本的良性互动，从而取得更好的协同效应，提高语言运用的质量，提高教学效率。当然，要取得更好的协同效应，笔者有以下三点建议。

1. 阅读材料要有趣味性

只有趣味性的阅读内容，才能够吸引学生的注意力，激发他们的想象力以及创作动力，他们才会更投入地阅读和写作，创作的续写内容也才会产生更强的协同效应。

2. 阅读材料的语言难度要适中

教师在选择阅读材料时，要考虑学生的实际英语水平以及年龄特点，阅读语篇的难度不要太大。只有语言难度适中，学生才容易读懂和理解，才能被学生所接受，学生才能打开脑洞，充分发挥自己的想象力和创造力。

3. 阅读材料要有开放性

只有开放性的阅读材料，才能给学生留下足够的想象空间，才能刺激他们的创作动机，才能促使他们发挥想象力和创造性，让他们愿意写、能够写、写得长、写得好，不断提高阅读和写作水平，催化协同效应。

在新时期教育教学背景下，读后续写成为越来越受关注的一种教学方法。它避免了传统教学中"为读而读，只读不写"的粗放型阅读教学现象，能够帮助学生在阅读与写作有效结合的基础上提升学习能力，培养语言综合运用能力，提高高阶思维能力，发展文化意识，实现学科的育人价值目标，为初中英语阅读教学提供了一种切实可行的深度教学方式。但在目前的实践中，读后续写教学仍存在很多问题，这就需要教师在实践中不断探索、反思、钻研，力求找到更加科学化、合理化的教学策略与手段，让读后续写的教学质量和水平上一个新台阶。

参考文献

［1］中华人民共和国教育部. 义务教育英语课程标准（2011年版）［M］. 北京：北京师范大学出版社，2012.

［2］中华人民共和国教育部. 普通高中英语课程标准（2017年版）［M］.

北京：人民教育出版社，2018.

［3］魏小平.读后续写阅读教学中的"三读"策略研究［J］. 中小学英语教学与研究，2020（1）：41-44+49.

［4］刑文骏，胥阳.例谈思维导图在高中英语阅读教学中的运用［J］.辽宁教育，2018（21）：10-15.

［5］车向军.促进学生思维发展的阅读教学活动设计［J］.中小学外语教学（中学），2015（8）：38-42.

第十一章
主题实践作业

　　初中英语作业特别是实践作业，既是课堂教学的延伸、补充和拓展，又是实现教学目标必不可少的重要环节和手段，对教师的"教"和学生的"学"都有明显的促进作用。单元主题实践作业将学生的学习真正融入日常生活之中，驱动学生内在的英语学习兴趣，提高学生参与活动的积极性；让学生通过寻找、发现、对比、归纳、总结等活动方式，逐步培养逻辑性、批判性和创造性思维能力，实现思维品质由低阶向高阶发展，同时能帮助学生学以致用，提高实践能力，同步提升语言能力和学习能力，有效提升英语学科素养。

第一节 概 论

一、理论依据

英语是一门具有工具性和人文性的学科，同时具有很强的应用性。初中《课标》鼓励学生在教师的指导下，通过体验、实践、参与、探究和合作等方式，发现语言规律，逐步掌握语言知识和技能，不断调整情感态度，形成有效的学习策略，发展自主学习能力。《新课标》倡导指向学科核心素养的英语学习活动观和自主学习、合作学习、探究学习等学习方式。因此，在核心素养培养视角下的初中英语单元教学设计中，教师在保证课堂教学的质量之余，还应充分发挥英语课后作业的价值，适应《新课标》的要求，通过创设实践性的英语作业，促进学生语用能力的提高，同时发展学生的多元思维和学科核心素养。

二、初中英语作业设计中存在的问题

1. 问卷调查

在日常教学中，学生的作业问题一直是教师、家长、学生共同关注的话题，作业的设计质量是影响教学效果的重要因素之一。什么样的作业才能激起学生的兴趣？怎样设计才能更好地达成教学目标并促进学生的发展？笔者围绕单元整体教学设计中英语作业存在的问题，对所在学校的50名学生进行了问卷调查。下面为调查研究结果（表3-9）。

表3-9　单元主题作业设计现状调查结果

（单位：人）

调查内容	非常同意	同意	不同意	非常不同意
很喜欢目前的英语作业	1	3	15	31
英语作业很有趣味性	2	3	20	15
作业以背诵和书面形式为主	44	3	3	0
作业经常围绕单元话题进行设计	1	2	40	7
作业能适应不同学生的需求	2	3	22	23
作业经常需要同学之间合作完成	2	3	31	14
作业经常与学生的生活实际相关联	1	4	35	10
作业经常需要动手、调查才能完成	2	4	30	14
教师更加关注作业的完成过程	2	3	35	10
作业是教师自己设计的	1	5	15	29

2. 调查结果分析

从笔者所在学校50名学生的调查结果我们可以发现，随着新课改的深入实施，特别是在核心素养的培养视角下，立德树人的培养理念逐步渗透到初中英语作业中，作业内容、作业呈现方式、作业评价等方面与过去相比更加注重科学有效，有了很大的进步和创新。但从问卷调查结果我们也不难发现，在单元整体教学的作业设计中主要还是以背诵词汇和课文以及专项练习等传统方式为主，作业设计存在题海战术、机械记忆等问题。这会在很大程度上降低学生主动学习英语的兴趣和求知欲，不利于学生将所学知识运用到实际生活中，不能有效提高学生的思维和创新能力，不利于学生学科核心素养的发展，达不到教学的预期目标。存在的问题主要表现在以下几个方面。

（1）碎片设计，缺乏整体性和系统性

在初中英语作业设计时，许多教师忽视了教材中具有相同话题的单元之间的关联性，没有围绕单元的主题整体规划作业，而是随意设计各个课堂的配套作业。这样的作业缺乏整体性和系统性，各自为政、互不干扰，呈现孤立化、随意化、碎片化、失联化等现象，不能帮助学生系统掌握整个单元的知识体系，不利于培养学生的整体思维观。

（2）低阶培养，缺乏启发性和发展性

目前部分初中英语教师忽视了对学生自主探究潜能的挖掘，设计的作业形式多为背诵词汇、专项练习等机械性操练或朗读课文、听录音等"软作业"。面对这样的"低阶"作业，学生每天都处于机械性操练的状态中，以致有的马虎应付，甚至有的干脆不完成。这不但不利于学生复习和巩固课本知识，而且不利于激发学生自主学习的热情，不能发掘学生的思维潜能以及培养学生的学习能力，学生的文化意识也不能得到很好地形成和提升。

（3）忽视学情，缺乏科学性和可行性

很多教师忽视具体的学情，很少关注学生在学习态度、认知水平、学习习惯、发展需求等方面的差异，设计的作业经常为同一内容和同一要求。这样容易导致部分学生轻松就能跨过"最近发展区"，不能充分满足他们的求知欲，不能挖掘学生的最大潜能，从而扼杀了他们的学习热情；而对于另外一部分学生来说又可能太难了，作业成为他们的拦路虎，他们往往马虎应付甚至抄袭他人的答案了事，这样就起不到促学的作用。因此，教师在设计作业时，应该充分考虑学生的实际感受，针对具体学情对作业进行合理、科学的筛选，为不同层次的学生量身定制学习任务，尽量做到对症下药和因材施教，确保作业的科学性和可行性，使学生在不同方面都有不同程度的收获，促进全体学生的共同进步。

（4）形式呆板，缺乏趣味性和实践性

受考试模式的影响，教师很少从学生的实际发展需要出发设计作业，导致目前大多数初中英语作业内容都是围绕考点进行设计和实施，仅限于复习文本的相关语言知识，缺乏必要的知识拓展；作业形式不是背诵词汇就是朗读课文，不是抄写单词就是完成习题，作业形式守旧和呆板，缺乏趣味性和实践性。这样不但很难调动学生的学习兴趣和参与热情，降低了学生学习英语以及完成作业的主观能动性，而且学生不能在真实的生活情境中运用英语，他们的语言综合运用能力难以得到发展，不利于培养思维能力和创新意识，也不利于培养探究式学习能力。

（5）注重结果，缺乏互动性和过程性

新课改理念倡导在学习中合作与交流，尽可能凸显学生的主体地位，教师在教学过程中应该作为引导者。而很多教师没有与时俱进，在设计作业时忽视了生生之间的互动与合作。学生完成作业只需要在各自家里，不需要也不必要与同学互动或合作。而且很多教师只注重学生作业是否完成以及完成的结果，很少关注学生完成作业的过程，这样既不能真实反映学生的作业完成情况，也不利于教师对学生的作业做出客观的评价，助长了抄袭现象的发生。这样的评价方式不利于学生形成良好的学习习惯，也不利于培养学生的合作精神以及适应社会的能力。

三、实施意义

初中英语作业特别是实践性作业，既是课堂教学的延伸、补充和拓展，又是巩固、提高教学质量的一个必不可少的环节，是实现教学目标的重要手段，对促进教师的"教"和学生的"学"都有很大的帮助。对于教师来说，它有利于教师通过作业及时了解学生的学习情况、情感态度和价值观并检查课堂的教学效果，在获取真实反馈信息的基础上调节、改进自己的教学方法，促进自身的发展并提高教学效率；对于学生来说，实践作业可将他们带到广阔的生活实践中，是帮助他们巩固基础知识与提升英语语用能力的重要载体，使学生在情境体验过程中，充分调动自身的参与热情，激发学习的内驱力并及时复习和巩固所学知识。实践性作业帮助学生在梳理、寻找、发掘、归纳信息的过程中形成独立思考、自主学习的能力；让学生通过寻找、发现、对比、归纳、总结等活动方式，逐步培养逻辑性、批判性和创造性思维能力，实现思维品质由低阶向高阶发展；同时能帮助学生学以致用，提高实践能力，同步提升语言能力和学习能力，塑造文化意识，树立正确的价值观和人生观，有效提升英语学科素养。

第二节　主题实践作业的实施策略

一、设计原则

1. 主题性原则

在单元作业设计中，教师应以单元的主题为引领，依据并围绕教学目标，设计既能促进单元与单元之间、单元各板块之间知识的有机联系，又各有侧重、层层递进、环环相扣的实践作业。主题意义引领下的实践作业改变了孤立化、应试化、机械化的传统作业模式，实现了英语的整体性教学。它引导学生进一步发掘和领悟单元主题的文化内涵，有助于提升学生的英语综合运用能力以及适应社会的能力，促进英语学习的可持续性发展。

2. 情境性原则

英语是一门应用性极强的学科，是融入生活不可缺少的交流工具。《新课标》指出，教师要改变碎片化的、脱离语境教授知识点的教学方式。教师只有创设真实的情境，引导学生在真实语境中运用所学知识，理解意义，才能摆脱传统作业中机械操练的模式，提高学生的学习兴趣和参与热情，提高比较和鉴别不同文化和价值观的能力，学生也才能在丰富的主题语境体验活动中进一步运用语言，承上启下，温故知新，锻炼思维的灵活性和敏捷性，提高实践能力和解决问题的能力，实现提升英语学科素养的教学目标。

3. 个体性原则

学生之间的差异是客观存在的。在实践作业设计中，教师要充分考虑具体的学情，根据班级学生的不同认知水平和学习兴趣确定适切的"最近发展区"，在此基础上设计多梯度、多层次的作业，兼顾学生的个体差异，使不同层次的学生都能找到适合自己的任务，让他们在知识和能力上发挥所长，调动他们的参与热情，为他们创造成功的机会，帮助他们树立进一步学好英语的自信心。这样既能满足学生的个性发展，又能确保共同进步，实现"人人能参与，人人能成功"的全员进步局面。

教师在设计个性化作业时可分为三个层次：提高级、巩固级和基础级。提高级是面向优等生设计的，他们在完成基本作业之后，再完成具有较强综合性和思维性的作业；巩固级是面向中层生设计的，他们既要完成基本作业又要完成综合性一般的作业；基础级是面向学困生设计的，他们只要完成基本作业就可以了。多层次的作业能帮助优等生"吃得巧"、中层生"吃得好"、学困生"吃得饱"，促进全体学生的共同进步。

4. 开放性原则

社会需要全面发展的高素质人才。教师应把培养学生的思维和创新能力放在首位，在设计实践作业时，不局限于课本知识，尽量拓宽学生的知识面，采用调查采访、体验报告、思维导图等多种开放性作业形式。这样一方面能提高作业的实效性和趣味性，促使学生在一系列的主题语境实践活动中进一步体验单元主题意义的内涵；另一方面又能发挥学生的特长，帮助学生通过亲身体验去发现、探究、总结、创新单元主题，做到学以致用，提升自主解决实际问题的能力以及自主学习能力，培养开放思维和创新意识，使学生感受到英语学习不仅仅是一种学习，更是一种体验、收获和享受的过程。

二、单元主题实践作业的教学实例剖析

适合学生发展的作业才是最好的作业。单元主题实践作业以单元主题为引领，让学生通过丰富多彩且具有针对性的活动，在亲身体验的过程中去发现、探究、总结、创新，提升发现和解决问题的能力，培养自主学习的能力和创新精神，锻炼实践能力，培养英语学科的核心素养。单元主题实践作业具有整合性、差异性、开放性、可行性、趣味性等特点，能够更好地培养学生学习英语的兴趣，提高英语教学的质量与效率。笔者认为，在设计单元主题实践作业时，教师可从以下几个方面入手。

1. 设计主题表演作业，提升语言能力

初中阶段的学生自我意识和独立意识逐步增强，有了一定的独立思考能力，比较注重自己的内心体验，渴望获得他人的承认和尊重，特别希望能给老师和同伴留下好的印象。因此，在初中的英语作业设计中，教师可围绕单元的主题，对单元各板块相关联的内容精心设计展示型作业。例如，在初中起始阶段，教师可以利用单元中的对话设计生活场景，鼓励学生运用语篇知识进行简单的对话；而初中高年级阶段则可让学生依据故事情节分角色进行故事表演，通过教师搭建的平台，充分展示自我，与同学进行分工合作，不断提高学习英语的热情，体验学习英语的乐趣，也能从中锻炼组织和运用语言的能力。

【作业设计案例1】

（1）教学内容

人教版九年级英语教材Unit11 Sad movies make me cry. Section A 3a The shirt of a happy man.

（2）单元主题

Talk about how things affect you.

（3）作业类型

主题展示型作业。

（4）设计思路

① 任务内容。

故事表演。

② 角色分工。

A组（学困生2人）：负责朗读场景。

B组（中层生4人）：the doctor，the prime minister，the king's banker，the palace singer.

C组（优等生3人）：the king，the king's top general，the poor man.

③ 实施过程。

9人为一组，按角色进行分工，利用课余时间选择适合自己的角色，然后进行排练：A组学生可依照语篇内容朗读相关的场景，B组学生依照语篇中各角色的语言脱稿进行表演，C组学生依照语篇场景自行设计对白。

各小组在下一课堂上进行故事表演，然后同学之间进行互评并综合评分，评选优秀表演小组。

【设计意图】

语言能力是借助语言以听、说、读、写、看等方式理解和表达意义的能力。参与故事表演的实践作业改变了传统背诵课文、抄写句型的机械性操练作业模式。学生借助故事表演，不但能进一步领悟单元的主题意义，加深对语篇语言和文化知识的理解和运用，而且在实践活动中进行意义表达，锻炼了听、说、读、写、看等语言技能，培养和提升了语言能力。另外，层级性的作业设计充分考虑学生的差异性，鼓励全体学生都参与到实践活动中，提高学生参与活动的积极性，既保证全体学生的共同进步，又满足学生个性的发展。

2. 设计主题探索作业，拓展思维品质

《新课标》指出，思维品质体现英语学科核心素养的心智发展，是人在思维的逻辑性、批判性、创造性等方面所表达出的个性特征。激活思维，彰显学生个性，作业是个很好的载体。在思维品质的培养过程中，教师可引导学生围绕单元主题，借助思维可视化工具如思维导图、问题设计或辩论活动等驱动思维运转，通过分析、整理、评论、对比、归纳等主题探究活动，逐步形成独立性、深刻性、敏捷性的思维品质。

【作业设计案例2】

（1）任务内容

人教版九年级英语教材Unit 7 Teenagers should be allowed to choose their own clothes. Section B 2a-2e课前预习。

（2）单元主题

Agree and Disagree.

（3）作业类型

主题探索型作业。

（4）设计思路

①任务内容：课前合作绘制思维导图。

②角色分工。

学困生1人：找出语篇的人物及各自观点。

中层生2人：围绕单元主题寻找并整理语篇不同人物的对立观点。

优等生2人：把人物与对立观点进行梳理、加工并绘制成思维导图。

③ 实施过程。

每组5人，课前根据不同的任务分工合作绘制思维导图。

选取不同基础的三位学生作代表分工介绍自己小组的思维导图。

评选优秀思维导图制作小组。

下面为其中一个小组合作绘制的思维导图（图3-5）。

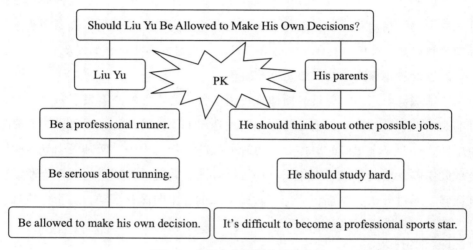

图3-5 小组合作绘制的思维导图

【设计意图】

在课前预习阶段组织学生围绕单元主题合作绘制思维导图，改变了传统课前教学中让学生复习单词或者朗读课文的机械操练模式，能够调动学生的学习兴趣和参与热情。实施不同的任务分工，能够充分考虑到不同学生的"最近发展区"，增强学生的成就感，特别是能进一步增强基础较差学生的学习自信心，为其形成终身发展和适应未来社会所需的品质与能力奠定基础；让学生在梳理、加工语篇冗长信息的过程中，理清并建构语言内部结构的抽象概念以及逻辑关系，培养分析、说明、评估、自我校准等批判性思维能力，提高分析、归纳、概括等逻辑性思维能力，再通过比较、推理、描述培养创造性思维能力。

3. 设计主题调研作业，发展学习能力

《新课标》指出，学习能力构成英语学科核心素养的发展条件，它指学生积极运用和主动调适英语学习策略，拓宽英语学习渠道，努力提升英语学习效率的意识和能力。因此，在作业设计中，教师应创设适切的作业类型，引导学生在体验、实践、探究和合作的过程中，形成有效的学习策略，发展自主学习能力，这在现行英语教学中显得尤为重要。在设计单元主题实践作业时，教师应该关注学生的能力差异以及"最近发展区"，根据具体学情，有意识地设计能培养学生学习能力的实践作业，如调查研究、网络查阅资料等主题调研型作业，把学生的英语学习与社会生活实际紧密联系起来，促使学生在参与活动中发挥主观能动性，做好英语学习的自我管理，养成勤于思考的学习习惯，培养分析问题和解决问题的实践能力，提高综合语言运用能力，培养自主性和探索性学习能力，促进学习的可持续发展。

当然，教师在实施主题调研作业前，要教给学生一些自主探究、自主学习、自主调控的本领，鼓励学生团结协作，共同完成调研任务。

【作业设计案例3】

（1）教学内容

人教版九年级英语教材Unit13 We are trying to save the earth. Section B 3a-3b.

（2）单元主题

Talk about pollution and environmental protection.

（3）作业类型

主题调研型作业。

（4）设计思路

① 调查内容：The situation of our town's environment.

② 角色分工。

学困生2人：调查环境现状。

中层生3人：调查分析环境现状的原因。

优等生3人：根据调查结果撰写调研报告，包括解决办法以及建议。

③ 实施过程。

8人为一小组，根据各自任务安排，分工合作，完成调研作业。

作业展示：学困生和中层生呈现表格调研结果，优等生介绍调研报告。

评选调研优秀小组。

【设计意图】

笔者任教学校处于不锈钢之乡，在经济发展的同时环境破坏很严重，这为本单元的学习提供了现实的调研环境。结合单元的主题意义——"环境保护"，开展实地调研活动，把课堂的学习延伸到生活实际情境之中，使学生能够通过课外渠道获取英语学习资源，拓宽学习英语的渠道；不同层次的学生有效规划并完成各自任务，培养并保持对英语学习的兴趣，养成独立思考和合作精神，进一步树立正确的英语学习观，逐步提高社会实践能力，发展自主学习的意识和能力，这也有助于促进学生终身学习能力的发展。

4. 设计主题情境作业，塑造文化意识

《新课标》指出，主题情境不仅规约着语言知识和文化知识的学习范围，还为语言学习提供意义语境，并有机渗透情感、态度和价值观。因此，教师在设计实践作业时，可结合单元的主题，充分挖掘特定主题所承载的文化信息，多创设一些与主题意义密切相关的体验活动，将特定主题与学生的生活建立密切关联，引起情感上的共鸣；鼓励学生课下查阅相关资料，不仅加深对本国文化的理解，感受中华文化的魅力，而且了解更多国家的文化，认同世界优秀文化，构建多元文化视角，从而形成对自己文化的独特理解，树立正确的世界观、人生观和价值观，实现知行合一，塑造文化意识。

【作业设计案例4】

（1）教学内容

人教版九年级英语教材Unit 5 What are the shirts made of？ Section B 2a-2e.

（2）单元主题

Talk about what products are made of and where they were made.

（3）作业类型

主题情境型作业。

（4）设计思路

①任务内容：制作有特色的艺术品。

结合语篇Beauty in common things的主题内涵，在课余查阅资料或者向父母请教，制作具有本地特色的艺术品（可以是以前很流行但现在已经很少出现的艺术品）。

② 角色分工。

可以单独完成或小组合作。

③ 实施过程。

课余制作艺术品。

在课堂上展示并简单介绍制作过程，包括材料、方法、功能等。

评选优秀艺术品。

【设计意图】

主题情境作业与学生的生活建立密切关联，具有很强的亲和力，能推动学生在轻松愉快的氛围中内化语篇的主题意义，进一步感悟语篇的文化内涵。学生在亲身查阅资料或倾听长辈的介绍并制作艺术品的过程中，能够体验不同的文化生活并且丰富人生阅历，增强语篇的理解和表达能力，激励学生在今后的生活实践中更加大胆地进行探索和创新，促进深度学习，实现"用英语做事""在用中学，在学中用"的学习目标。

三、注意点

单元主题实践作业的设计可减少机械性、重复性作业的出现，使作业设计更具系统性、科学性、可行性和多元性，真正适合和促进学生的发展。笔者认为，教师在设计单元主题实践作业时，还应该注意以下五方面的问题。

1. 突出重点，循序渐进

在初中英语单元整体教学的作业设计中，教师不能一蹴而就，而是要依据单元的主题设计单元教学目标，认真剖析教学内容的重点，设计层层递进、环环相扣的实践作业，循序渐进地帮助学生预习或复习单元的语言和文化知识，从而培养学生必备的品质和能力。

2. 联系实际，切实可行

生活是最好的老师，也是英语学习的最好实践基地。因此，教师在设计作业时应依托课本内容，紧密联系学生已有的生活和学习经验，可结合身边特殊节日、纪念日或社会活动等，将其内化为英语作业的可利用素材。这些熟悉的生活素材容易调动全体学生的参与热情，让不同层次的学生都有话可说、有感可发，不再把作业视为学习中的负担，不会产生懈怠心理，在实践探索活动中真正运用所学的语言知识，体会运用语言的成就感，达到学以致用的实践目标。

3. 控制总量，做出精品

教师布置作业时，如果一味追求数量或经常采取题海战术，就会使学生产生厌学心理。如果作业量过少，那么作业的设计就达不到巩固和掌握知识，提高能力的目标。因此，教师在设计作业时，要尊重学生的心理发展规律，严格控制作业总量并科学定量；教师还要有精品意识，依据课程标准和教学目标，认真精选具有典型性和代表性、实践性和活动性的作业，以利于学生理解和巩固知识，培养熟练的技能和技巧。

4. 关注过程，提高实效

初中《课标》指出，日常教学中的评价要以形成性评价为主，关注学生在学习过程中的表现和进步。在实施实践作业时，教师不仅要关注学生完成作业的效果，更应观察学生对待作业的态度以及完成作业的学习习惯、参与意识、学习策略等。教学过程中对优秀小组的评选不仅要关注展示的结果，更要关注作业完成过程中小组成员整体的表现情况。在评价实践作业时，教师可采用自评、互评、家长评价等方式，提高学生完成作业的积极性，同时挖掘学生的潜能，帮助他们体验成功的快乐，促进今后的再学习，再发展，从而提升作业设计的实效性。

5. 提升素养，融合发展

英语课程具有重要的育人功能，单元主题实践作业旨在发展学生的英语学科核心素养，落实立德树人的根本任务。在设计英语实践作业时，教师要精心研究单元的主题，以主题意义为引领，以提升学科核心素养为目标，努力创新作业形式，充分发挥作业的功能，让英语作业真正担负起培养学生学科核心素养的责任，促使学生在完成作业的过程中实现核心素养四大维度的融合发展，实现浅层学习向深度学习转化。

单元主题实践作业的设计理念是为解决传统英语作业存在的弊端而提出的，它将学生的学习真正融入日常生活之中，驱动学生内在的英语学习兴趣，提高学生参与活动的积极性。学生通过观察、思考、探究、对比、感悟等活动，从中产生成就感，增强学习的自信心，锻炼实践能力，培养创新意识，实现思维能力从低阶向高阶发展，提高语言的综合运用能力和学习能力，塑造文化意识，为终身发展和适应社会奠定良好基础。

参考文献

［1］中华人民共和国教育部. 义务教育英语课程标准（2011年版）［M］. 北京：北京师范大学出版社，2012.

［2］中华人民共和国教育部. 普通高中英语课程标准（2017年版）［M］. 北京：人民教育出版社，2018.

［3］宋永娟. 指向核心素养培养的初中英语单元主题实践作业设计与实践 ［J］. 英语教师，2020（10）：168-181.

［4］刘建民. 迈出初中英语作业设计新步伐［J］. 宁夏教育，2020（3）：58-59.

［5］陈飞飞."图"说初中英语作业设计［J］. 英语教师，2020（5）：163-169.

后　记

  2017年1月，我很荣幸被广东省潮州市教育局聘请为潮州市名教师工作室主持人，同年10月，我又被潮安区教育局聘请为潮安区名教师工作室主持人，在深感荣幸的同时，我深知肩上所负的重任。在三年的研究过程中，我带领两级名教师工作室的学员围绕核心素养视角下初中英语阅读教学中"语言能力、思维品质、文化意识"的培养策略，展开市级和区级三个专项课题的研究；通过外出研修、邀请专家现场指导、专项课题研讨课、市级成果推广、送课下乡、举行教学论坛、三级名教师工作室联合研讨等形式多样的活动，促使课题研究结出丰硕的成果。课题论著《因地制宜，适切教研——核心素养视角下的初中英语教学策略》2019年12月由吉林人民出版社出版，科研成果《基于核心素养下初中英语阅读课中文化品格的培养策略研究》被广东省教育厅推荐参加第六届中国教育创新成果公益博览会，两篇课题论文发表于国家核心期刊《中小学外语教学（中学）》。

  2020年5月，由我主持的广东省教育科研"十三五"规划课题"基于主题意义的初中英语单元整体教学设计策略研究"获得立项批准。2021年3月和8月，我继续被潮州市和潮安区教育局聘请为两级名教师工作室主持人。在第二届名教师工作室的研修过程中，我带领两级工作室成员围绕"主题意义引领下的英语整体教学观"展开三项课题的研究。通过研修学习、区级研讨会、区级成果推广、区级论文评比活动、送课下乡等形式，我们"基于整体教学观"的课题研究也屡结硕果。截至2021年底，已有四篇论文发表在各类知名的期刊上，其中两篇论文发表在国家核心期刊《中小学外语教学（中学）》上，其中一篇论文被中国人民大学复印报刊资料《中学外语教与学》转载，甚感欣慰。

在长期坚持理论联系实际的研究基础上，我的第二本论著也即将与广大教师见面了，这得益于上级领导为我搭建的市和区两级名教师工作室的研修平台，同时得益于各位同仁以及家人的大力支持和帮助，在此表示真诚的感谢。

值得一提的是，虽然本次聚焦主题意义的整体教学观是基于高中《普通高中英语课程标准（2017年版）》展开的，但单元整体教学设计理念已悄然出现在义务教育阶段的英语教学设计当中。我们相信，即将颁布的《义务教育英语课程标准（2022年版）》和高中阶段在出发点和大方向上是一致的。希望本书对中小学英语教师基于英语整体教学以及主题意义统领性的研究具有一定的参考价值。

巫伟民

2021年11月